Un livre comme celui-ci, tout le monde en a besoin à un moment donné dans sa vie .

— ANNA F.

C'est un excellent livre pour celui ou celle qui doit laisser partir une personne qu'il aime sans le vouloir vraiment.

— MIA P.

Si tu te sens perdue après une rupture ou trop de nuits passées seule, alors ce livre est fait pour toi.

— EMILA D.

W0290280

JE TE LAISSE PARTIR MAINTENANT

COMMENT SE RECONSTRUIRE APRÈS UNE RUPTURE

ANTONIA L.

Printed in France

First Printing, 2019

TABLE DES MATIÈRES

Quand je quitte ce que je suis, je deviens ce que je pourrais être. Quand je quitte ce que je possède, je reçois ce dont j'ai besoin.

— *LAOTSE*

AVANT-PROPOS

Une relation se termine. À présent, il faut tourner la page. Qu'est-ce que cela peut bien vouloir dire ? Êtes-vous sensée oublier l'amour que vous éprouviez ? Êtes-vous sensée oublier les sentiments que vous ressentiez ? Ce n'est pas comme si vous pouviez supprimer la personne de vos souvenirs. Tourner la page signifie évacuer la colère, la contrariété et la haine que vous ressentez peut-être envers la personne avec laquelle vous avez rompu. La rupture physique était l'étape la plus facile. Il faut maintenant vous concentrer sur la rupture psychique.

C'est facile de dire à quelqu'un de tourner la page. Mais chacun de nous a sa manière bien unique de la tourner. Pour certains ou certaines, c'est l'étape la plus ardue. Il est donc important de se faire aider. Au travers ce livre, mon objectif est de vous apprendre comment soigner les blessures de votre cœur, comment devenir indépendante et plus forte.

Vos amies vous racontent peut-être leurs propres peines de cœur et comment elles ont pu tourner la page. Mais ce n'est pas la même chose. Vous devez apprendre à guérir de la façon qui vous convient. Je vous proposerai un ensemble d'outils à utiliser pour vous rappeler que l'homme qui partageait votre vie n'était pas fait pour vous. Si vous n'êtes plus ensemble, c'est que vous n'étiez pas fait l'un pour l'autre.

L'amour peut tout vaincre. L'amour trouve toujours un moyen. Si vous étiez destinés à être ensemble, vous le seriez. Maintenant que vous n'êtes plus ensemble, vous devez vous détacher de lui afin d'aller de l'avant. Sinon, il continuera de hanter vos pensées. Tant que l'homme occupe votre esprit, il est impossible de réellement connaître les possibilités qui pourraient exister avec quelqu'un d'autre. C'est l'une des raisons qui expliquent pourquoi vous devez apprendre à tourner la page. Il n'est pas sain de vous accrocher à quelqu'un qui ne mérite pas votre amour. Libérez-vous afin de pouvoir être une version plus heureuse et plus saine de vous-même.

Au fil des ans, j'ai travaillé avec un nombre incalculable de femmes et de couples afin de comprendre comment je pouvais les aider à guérir. J'ai vu à quel point des relations avaient brisé ces femmes. J'ai vu à quel point de mauvaises ruptures pouvaient prendre des années à guérir. Rien ne justifie le fait que cette blessure vous vole des années. Une mauvaise rupture peut vous faire perdre l'estime de soi-même et je suis là pour vous montrer comment vous en relever le plus rapidement possible.

Si vous vous laissez aller dans l'abime de la dépression pour un homme, c'est lui le gagnant. Il vous vole votre estime de vous-même. Il vous vole des années de votre vie. Il vous ôte votre capacité à aimer. C'est injuste. Il ne mérite pas que vous lui laissiez autant de pouvoir. Ce livre est là pour vous montrer comment retourner la situation à votre avantage. En vous revalorisant personnellement, vous pouvez prendre le contrôle dans cette rupture. Vous pouvez apprendre à contrôler la situation et vos pensées afin de tourner la page et avancer.

Si vous croisez votre ex dans la rue des semaines, mois ou années après la rupture, vous vous sentez assez émotionnellement détachée pour pouvoir lui sourire et le saluer sans pincement de douleur ou de regret. Vous pouvez lui prouver que vous avez tourné la page. Vous ne vous languissez plus de lui et vous ne vous demandez plus si les choses auraient pu évoluer différemment.

Tourner la page est une étape importante pour le reste de votre vie. Bien que l'on dise qu'il vaut mieux avoir aimé et perdu que de ne jamais avoir aimé, il est préférable de ne pas vous noyer dans la rupture au point de vous fermer aux autres possibilités. L'amour est une émotion incroyable. Puissante. Si vous n'y cédez pas, il se peut que vous ne vous sentiez pas complète.

Malheureusement, l'amour implique de prendre certains risques. Vous devez vous ouvrir et vous exposer, apprendre à être vulnérable envers un autre être humain. S'il ne s'avère pas être celui fait pour vous, vous pouvez en sortir brisée quand la relation se termine. Si vous êtes plus résistante, vous pouvez rapidement identifier ceux qui ne sont pas faits pour vous. Vous pouvez aller plus rapidement de l'avant sans avoir l'impression d'avoir perdu quelque chose d'inestimable.

La résistance n'est pas toujours innée. Vous devez la développer. Votre résistance à la fin d'une relation dépend également d'un certain nombre de facteurs. Si vous étiez ensemble depuis longtemps, des déclarations d'amour ont été échangées ou encore, vous avez ressenti une affinité incroyable. Vous pouvez finir donc quelque peu bouleversée quand la relation se termine. C'est à ce moment-là que vous devez développer votre résistance afin que cette rupture ne cause pas de ravages sur le restant de votre vie.

C'est facile de vous laisser vous consumer par une rupture. Vous arrêtez de sortir, vous passez tout votre temps à pleurer et vous vous fermez à toutes les autres opportunités. Bien que vous vous sentiez peut-être protégée en érigeant un mur en dur autour de votre cœur, ce n'est pas l'option la plus saine pour vous.

J'ai vu trop de femmes continuer à avancer le cœur prisonnier de ces murs. Elles n'en sont pas plus heureuses. En fait, la plupart sont très malheureuses avec leur cœur emmuré parce qu'elles sont sourdes aux possibilités de trouver l'amour dans le futur.

Ce livre est là pour vous montrer qu'il est préférable de développer votre résistance plutôt que de construire une carapace autour de votre cœur. Tourner la page est la meilleure façon de surmonter une rupture. En tant que conseillère conjugale et en santé mentale, je suis là pour vous guider à travers tout le processus. Nous parlerons de la rupture, de la guérison et de la préparation pour l'amour dans votre avenir.

Je veux que vous ayez votre dénouement digne d'un de conte de fées. Mais tout d'abord, nous allons gérer cette mauvaise relation qui vous tourmente ou qui vient de se terminer. Il y a de la lumière à la fin du tunnel, alors dirigeons nous y ensemble.

INTRODUCTION

Le bonheur est de la plus haute importance. Il y a des moments dans la vie où vous devez prendre un peu de recul et ré-évaluer votre vie. S'il y existe une source de malheur, il est temps de vous en libérer. Il s'agit souvent de la personne avec qui vous partagez votre vie. Si elle ne vous rend pas heureuse et ne vous permet pas de rester fidèle à vous-même, vous n'avez d'autre choix que de la laisser partir.

Le problème, c'est qu'il n'est jamais facile de laisser partir quelqu'un. Vous trouverez probablement une centaine de petites raisons qui font que vous voulez le garder dans votre vie, même si vous n'êtes pas complètement heureuse avec lui. Vous avez un passé commun, vous ne voulez pas être célibataire, votre entourage s'attend à vous voir ensemble. Et la liste ne s'arrête pas là.

À un moment donné, vous devez vous concentrer sur vous-même et vos besoins. Sinon, vous ne serez jamais heureuse. En tout cas, pas entièrement. Vous le devez à vous-même, d'apprendre à laisser partir quelqu'un, de manière à ce que vous puissiez tous les deux passer à autre chose. Vous ne pouvez pas vivre la meilleure version de votre vie si quelqu'un d'autre vous tire vers le bas.

Ce livre est consacré à la découverte de la manière de se libérer de quelqu'un afin de vous permettre d'aller de l'avant. Si vous avez déjà regardé une émission de téléréalité sur des rencontres, vous savez que le passé romantique de quelqu'un peut venir saboter une relation si ce quelqu'un n'a pas tourné la page. Votre propre passé ne doit pas réapparaitre et ruiner vos chances de trouver et garder l'amour. C'est pourquoi il est important d'apprendre à laisser partir quelqu'un correctement.

C'est facile d'entendre les mots « laisse-le partir » ou « oublie-le ». Pourtant, vous savez déjà que ce n'est pas si simple. Vos plus proches amis vous le disent peut-être en ce moment même. Cela ne veut pas dire que vous devez le faire du jour au lendemain. C'est un processus. Et si vous ne respectez pas le processus, la douleur de la rupture pourra vous hanter pendant des années.

Trop de personnes sont hantées par leurs relations passées. Si vous pensez sans cesse à une personne de votre passé quand vous êtes avec quelqu'un d'autre, il est clair que vous n'avez pas complètement tourné la page. Pouvoir se détacher de quelqu'un est un processus autant physique que psychique. Ne plus avoir la présence physique de cette personne dans votre vie n'est pas suffisant. Elle doit aussi ne plus occuper d'espace dans votre esprit.

Le processus pour se détacher de quelqu'un est constitué de plusieurs étapes :

- Connaître les raisons de ce choix
- Se dire adieu correctement

- Construire un réseau de soutien
- Prendre du temps pour soi-même
- Savoir qui l'on veut
- Accepter les défauts
- Construire son estime de soi
- Se dissocier de son ex
- Passer à autre chose

Chaque étape a sa propre importance. Il n'existe aucune règle quant à la durée du processus. Sans vouloir faire dans le cliché, cela prendra le temps qu'il faudra. L'essentiel est de se concentrer sur vous-même pendant tout le processus. Sinon, vous suivrez les étapes sans être réellement capable de passer à autre chose. Si quelqu'un occupe une place dans votre vie et vous rend malheureuse, vous devez prendre le temps de gérer cette situation afin que cette personne ne vous hante plus, ni ne ruine votre avenir.

Chaque chapitre traite d'une étape différente et vous explique son importance ainsi que les moyens à utiliser pour les traverser. Ne laissez pas les autres vous imposer un calendrier. Vous êtes seule à même de déterminer le temps qu'il vous faudra pour digérer tout cela. Par ailleurs, ne laissez pas les autres répondre au « pourquoi » à votre place. Beaucoup de personnes dans votre entourage ont une opinion sur ce que vous devriez dire, faire et penser. Mais elles ne sont pas vous. Elles ne vivent pas votre vie. C'est la vôtre.

Reprendre le contrôle de sa vie n'est pas chose aisée. Vous ne vous êtes peut-être même pas rendu compte que vous ne contrôliez plus votre vie jusqu'à ce que vous décidiez de vous séparer de quelqu'un. C'est à ce moment-là que vous vous rendez compte que cette personne avait plus de contrôle sur votre vie que vous ne le pensiez. Il est d'autant plus vital de reprendre le contrôle. Sinon, vous n'arriverez pas à laisser partir cette personne tant qu'elle reste accrochée à votre vie. Vous devez d'abord récupérer cette vie.

Il y a aura beaucoup de moments où vous regarderez en arrière et vous vous demanderez quand vous avez perdu le contrôle. Comment avez-vous pu le permettre ? Comment avez-vous laissé quelqu'un prendre autant de contrôle sur vous ? Comment êtes-vous sensée vous détacher de quelqu'un si cette personne est à ce point entremêlée à votre vie ? Toutes ces questions trouveront une réponse et vous devrez répondre à certaines vous-même tout au long de vos moments d'autoréflexion.

Certaines étapes seront faciles tandis que d'autres vous mettront en boule, vous feront verser toutes les larmes de votre corps. C'est normal de ressentir des émotions. C'est normal de les exprimer. Vous terminez un chapitre de votre vie et c'est normal d'en être attristée. Ce qui est important, c'est de se rappeler qu'il est nécessaire de passer à autre chose. Il est important que vous soyez heureuse. Commencer un nouveau chapitre sera plus simple si vous avez fini et clos le précédent. Sinon, vous allez vous retrouver dans une situation étrange où vous êtes à moitié dedans et à moitié hors de votre relation.

Il ne faut rien forcer, toutefois. Autrement dit, vous devez être prête à lâcher du lest. Êtes-vous prête pour le prochain chapitre de votre vie ? Il ne sera peut-être pas évident de clore le chapitre actuel mais c'est une étape nécessaire pour pouvoir avancer dans votre vie. Le bonheur véritable vient avec de meilleurs choix de vie. Vous ressentirez ce que c'est que de sourire au lieu de vous y forcer alors que votre vie part en flambeaux.

Libérez-vous. Deux simples mots, et pourtant, rien n’est simple. Mais lâcher prise peut être une expérience libératrice qui vaut certainement la peine d'être vécue. Lancez-vous. Il est temps de lâcher prise une bonne fois pour toutes.

1

POURQUOI VOUS DEVEZ DIRE ADIEU

S'éloigner de quelqu'un est uniquement possible si vous conjuguez la personne avec laquelle vous êtes au passé. Si vous ne voulez pas qu'elle fasse partie de votre futur, alors elle ne doit pas faire partir de votre présent. Elle ne peut qu'exister dans le passé. Pour ce faire, vous devez dire « Adieu ».

Pourquoi devez-vous dire adieu ? Il existe peut-être des millions de raisons qui expliquent pourquoi cette personne doit sortir de votre vie une bonne fois pour toutes. Mais, vous êtes la seule personne capable de répondre à cette question. Pourquoi voulez-vous quitter cette personne ? En quoi vous est-elle si néfaste ? Pourquoi compromet-elle votre bonheur ? Répondre à ces questions est la première étape pour vous libérer.

POURQUOI VOS RAISONS SONT IMPORTANTES

Vous ne pouvez pas vous libérer sans connaître le « pourquoi », vos raisons. Pourquoi devez-vous quitter cette personne ? Pourquoi doit-elle sortir de votre vie à tout jamais ? Votre adieu sera plus efficace si vous prenez le temps d'être honnête avec vous-même.

Garder en mémoire le pourquoi vous facilitera aussi le passage par les autres étapes. Vous ne pouvez pas rompre avec quelqu'un et le virer de votre vie à tout jamais sans lui donner de raisons. De plus, vous devez vous rappeler pourquoi il n'a pas sa place dans votre vie. Vous ne pourrez pas passer à autre chose si vous le laissez simplement partir sans avoir une bonne raison.

Si vous voyez que certaines de vos amies ne cessent de laisser les hommes revenir dans leur vie et dans leur cœur, c'est parce qu'elles n'ont pas pris le temps d'accepter la situation. Cela peut prendre un peu de temps de comprendre pourquoi cet homme doit disparaître de votre vie. Mais, une fois que vous en avez déterminé la raison, vous en détacher sera beaucoup plus facile. Et vous serez mentalement plus en forme.

Pourquoi devriez-vous vous détacher de quelqu'un ? Pourquoi cette personne doit-elle disparaître de votre vie ? Pourquoi n'en êtes-vous plus amoureuse ? Pourquoi vous rend-elle si malheureuse ? C'est le genre de questions que vous devez vous poser. Vous devez avoir une réponse pour chacune d'elles pour vous libérer de cette emprise. Quand vous connaitrez les réponses à ces questions, vous y gagnerez en clarté. Vous pourrez ainsi aller de l'avant sans regarder en arrière. Vous pourrez enfin pousser ce soupir de soulagement si longtemps attendu.

QUELLES SONT LES "RAISONS" QUI JUSTIFIENT DE SE DIRE ADIEU ?

Comment savoir si vos raisons justifient le fait de dire adieu à votre partenaire ? Il vous agace de temps à autre, mais est-ce suffisant pour rompre ? C'est une question personnelle que vous devez vous poser. Tout revient à se demander qui il est et comment vous vous sentez avec lui.

Si vous êtes triste ou en colère ou que vous avez le sentiment qu'il vous exploite, alors il est probablement temps de le laisser partir. Surtout si vous avez déjà parlé votre ressenti et que vous avez l'impression qu'il est incapable de changer, alors il est temps de passer à autre chose. Vous ne pouvez pas gâcher des années de votre vie à attendre qu'il ait un soudain acquis de conscience. Certains hommes ne feront jamais de vous leur priorité. Le moment où vous vous rendez compte que vous êtes dans une relation qui ne vous rend pas heureuse, vous devez comprendre pourquoi et ensuite mettre fin à la relation.

Certaines relations sont tout simplement toxiques. La personne n'est pas la bonne pour vous. Elle vous tire vers le bas. Elle vous fait vous sentir mal. Mais, pour une raison ou une autre, vous la laissez dans votre vie. Vous lui permettez de vous manipuler encore et encore. Ce genre de personnes doivent être reconnues pour ce qu'elles sont réellement, à savoir toxiques.

Elles peuvent être :

- Violentes ou injurieuses
- Narcissiques
- Égocentriques

- Autodestructrices
- Avides de ragots
- Menteuses
- Instables émotionnellement ou mentalement
- Dépendantes financièrement

Il existe tout un tas d'autres raisons. Vous ne devez pas rester avec quelqu'un avec lequel vous ne vous sentez pas spéciale. Bien qu'il soit normal qu'il ait sa vie et ses problèmes, votre vie ne peut pas toujours tourner autour de lui. S'il y a plus de moments de déprime que de joie, vous devez vous les assumer. Au lieu d'ignorer les problèmes et de présumer que tout s'arrangera, il est peut-être temps d'affronter ces problèmes et réaliser qu'ils ne vont pas se résoudre tout seul tout simplement.

C'est le moment de faire un peu d'introspection pour déterminer qui il est véritablement. Une fois que vous aurez catégorisé la personne avec laquelle vous êtes en couple, il sera plus facile de lui faire vos adieux, une fois pour toutes. Si vous ignorez cette étape, il retrouvera un moyen de revenir dans votre vie, et vous n'arriverez jamais à vous en détacher réellement.

Vous n'avez qu'une vie à vivre. Par conséquent, vous devez en profiter au maximum. Si quelqu'un vous traite de façon brutale ou injurieuse, il vous ôte votre bonheur. S'il est narcissique, vos besoins ne seront pas comblés. S'il est autodestructeur, ce n'est qu'une question de temps avant qu'il ne commence à apporter de la destruction dans votre vie. Certaines personnes épuisent mentalement leurs victimes tandis que d'autres les épuisent émotionnellement.

. . .

Si votre partenaire est constamment en train de raconter des ragots ou des mensonges, cela peut être épuisant émotionnellement au point que vous soyez en permanence exténuée. Cela aura aussi des conséquences négatives dans d'autres aspects de votre vie. Peut-être serez-vous moins patiente envers les personnes les plus proches de vous, qu'elles fassent partie de votre famille ou qu'il s'agisse de vos ami(e)s. Vos performances au travail en pâtiront peut-être également.

Vous ne pouvez pas laisser une personne avec une personnalité toxique gérer votre vie en continu. Si quelqu'un est instable, que ce soit émotionnellement ou mentalement, cela débordera obligatoirement dans votre vie. Vous finirez par occuper la fonction d'assistante maternelle plutôt que de compagne. Est-ce que vous voulez cela pour le reste de votre vie ? Évidemment que non. C'est pourquoi il est crucial d'établir les raisons qui justifient le fait de virer cette personne de votre vie.

Il existe peut-être plus d'une raison de rayer cette personne de votre vie.

Vous êtes peut-être prête à fermer les yeux sur un aspect de sa personnalité ou de ce que vous ressentez pour lui. Mais s'il a plusieurs petites choses qui vous font douter de votre relation, il est alors bien plus facile de comprendre pourquoi vous devez lui dire adieu.

S'il ne met jamais vos intérêts avant les siens, s'il contrôle toutes les conversations et s'il vous épuise émotionnellement, vous ne serez jamais sa priorité. Jamais vous n'aurez l'équilibre sain nécessaire au sein d'un couple. Vous pouvez fermer les yeux sur cette réalité sur le court terme, mais, à long terme, cela s'avère bien plus délicat. À un moment donné, vous serez juste lassée de ses facéties. Plus vite vous vous détacherez, plus vite vous pourrez passer à autre chose. Sinon vous vous retrouverez peut-être coincée pendant des années. Ce n'est pas juste pour vous et il ne faut pas vivre avec ce genre de regret.

Vos raisons peuvent être personnelles. Rappelez-vous, vous ne devez justifier une rupture à personne. Vos amis ou votre famille voudront peut-être savoir pourquoi vous êtes toujours en couple ou pourquoi vous avez décidé d'y mettre un terme. Bien que vous puissiez en parler avec eux, vous ne leur devez aucune explication. La seule personne qui mérite une explication est celle avec laquelle vous êtes en couple. Mais vous n'avez pas encore atteint cette étape.

Vous devez savoir au plus profond de vous et de votre coeur que cette personne n'est pas bien pour vous. Peut-être jouie-t-elle d'un physique avantageux. Peut-être gagne-t-elle un bon salaire. Peut-être a-t-elle-même une famille adorable. Mais aucune de ces raisons ne justifie le fait de rester avec cette personne. Il se peut que vous vous sentiez seule sans elle, au début. Il se peut aussi que vos amis ne soient pas d'accord avec votre décision. Mais in fine, il s'agit bien là de votre décision et de votre bonheur. Si vous devez vous séparer de quelqu'un parce qu'il vous cause du stress et vous empêche d'atteindre le vrai bonheur, alors faites-le.

. . .

La bonne nouvelle, c'est qu'une fois que vous avez déterminé vos raisons, il est plus facile d'aller de l'avant. Vous n'aurez plus à craindre que cette personne hante vos pensées et sabote vos relations futures. Il ne suffit pas de laisser partir quelqu'un mais il faut aussi aller de l'avant. L'expérience peut être libératoire, et d'y investir du temps en vaut la chandelle.

ÉCRIVEZ VOS RAISONS DANS UN JOURNAL

À l'heure actuelle, il est inutile de vous inquiéter de ce que vous allez lui dire. Ne vous préoccupez pas encore de la rupture. La seule chose sur laquelle vous devriez vous concentrer aujourd'hui c'est le « pourquoi ». Autrement dit, vos raisons. Savoir pourquoi vous voulez lui dire adieu et pourquoi vous devez lui dire adieu, vous aidera grandement à aller de l'avant et à vous retrouver dans un bon état d'esprit pour l'avenir.

Écrivez tout

Vous devez être sûre du bien fondé de vos raisons. Vous avez aussi besoin d'un rappel constant à ce sujet. Connaître vos raisons est l'étape la plus simple du processus. Dès que vous êtes certaine qu'il doit sortir de votre vie, il est plus facile de rester forte. Si vos raisons sont bancales, il sera alors plus facile pour lui de revenir dans votre vie. Vous ne voulez pas perdre le contrôle. C'est pourquoi vous devez noter vos raisons.

Tenez un journal pour étayer l'acte du lâcher prise. Avoir un endroit où consigner vos pensées les plus intimes peut être une façon de dialoguer avec soi-même.

. . .

Commencez par une petite liste de ce que vous n'aimez pas chez lui. Soyez précise. Qu'est-ce que vous ressentez pour lui ? Qu'est-ce qu'il fait ou dit que vous n'aimez pas ? Alors que vous commencerez à être honnête avec vous-même et vos sentiments, vous vous retrouverez peut-être avec une demi-douzaine de points soulevés dans votre liste (voir plus). C'est très bien parce que cela vous confirme que vous n'êtes plus satisfaite de la situation actuelle.

Plus votre relation dure depuis longtemps, plus il sera difficile de faire vos adieux. Vous avez beaucoup de sentiments envers cette personne. Vous avez investi beaucoup de temps dans cette relation. Mais la longue liste de points négatifs peut vous aider à avoir une vision plus objective de la situation.

Simplement penser aux raisons pour lesquelles vous devez vous détacher de cette personne ne suffit pas. La liste écrite vous permettra de les visualiser. Cela vous permettra de percevoir la situation différemment. Si vous écrivez qu'il est égomaniaque, le concept sera palpable. Peut-être y pensez-vous depuis longtemps. Maintenant que c'est écrit noir sur blanc sur une feuille de papier, vous pouvez l'enregistrer et gérer l'information. Son égo surdimensionné se tient peut-être entre vous et votre bonheur. S'il n'a pas changé depuis toutes ces années pour satisfaire son égo ainsi que les femmes de sa vie, il n'y a pas de raison que vous l'acceptiez tout bonnement.

Certains défauts sont acceptables, d'autres ne le sont pas. Vous ne pouvez pas laisser des défauts inacceptables vous empêcher d'atteindre le bonheur. Ça suffit, et vous vous devez à vous-même d'identifier ces défauts et choisir de vous en distancer.

Votre bonheur est plus important que de rendre quelqu'un heureux. Vous devez penser à vous en premier.

Tenir un journal vous procure divers bienfaits au niveau de la santé et pourront vous aider à mieux analyser vos raisons.

Tenir un journal est peut-être nouveau pour vous mais c'est un processus qui existe depuis au moins le 10ème siècle. Vous pouvez choisir d'utiliser du papier et un crayon, une application sur votre smartphone ou même créer un blog que vous seule pourrez lire.

Tenir un journal a un effet positif sur votre bien-être physique. C'est aussi un outil pour gérer le stress. Décider de rompre est stressant. Vous avez donc besoin d'y remédier. Tenir un journal permettra de juguler le stress, l'empêcher de se manifester de façon négative en impactant votre bien-être physique.

Rappelez-vous qu'il n'y a pas d'échéance à respecter pour chaque étape. Quand vous avez déterminé pourquoi vous devez dire adieu à cette personne, vous pouvez prendre le temps qu'il vous faut. Tenir un journal vous aidera à clarifier vos pensées et canaliser vos émotions. Elles peuvent tourner en boucle dans votre tête, alors les extérioriser peut aider.

Surtout si vous rencontrez des difficultés concernant quelques points de votre liste, fermez vos yeux pendant quelques minutes. Puis, prenez quelques minutes pour transcrire vos pensées et vos émotions concernant l'homme qui est actuellement dans votre vie. Il vous sera ainsi plus facile de capter vos pensées les plus intimes.

Vous vous rendrez compte que tenir un journal vous permettra de mieux vous connaître vous-même. Si quelqu'un est toxique dans votre vie, vos mots feront ressortir cet aspect. Vous avez peut-être tout un tas de sentiments que vous n'étiez pas capable de qualifier avant. Il peut s'agir de tristesse, de colère, de rancœur et de toutes sortes d'émotions douloureuses. La puissance de ces sentiments doit être libérée et tenir un journal est une méthode pour les canaliser de façon efficace. Quand vous coucherez tous vos sentiments sur papier, vous vous rendrez compte que votre stress diminue. C'est parce que vous ne gardez plus toutes vos émotions refoulées à l'intérieur. Tenir un journal vous fournit cette libération nécessaire que vous recherchiez.

Vous avez un problème que vous devez résoudre : pourquoi votre partenaire actuel n'est-il pas le bon pour vous ? Si cette question n'est pas simple à répondre pour vous, tenir un journal peut vous aider à résoudre le problème. Quand vous sollicitez le côté droit de votre cerveau, vous libérez la créativité. Même si vous n'êtes pas une écrivaine née, vous forcer à écrire sans entraves pendant quelques minutes vous permettra de canaliser cette créativité. Une fois que vous relirez ces mots, vous vous rendrez peut-être compte que ce côté droit de votre cerveau a résolu inconsciemment certains de vos problèmes.

ADIEU SIGNIFIE BON DÉBARRAS

Vous devez lui dire adieu sans laisser de porte ouverte lui permettant de revenir dans votre vie. Vous devez vous assurer de bien fermer la porte après avoir fait vos adieux afin qu'il comprenne clairement que la relation est terminée.

C'est ici que beaucoup de personnes échouent. Si vous ne savez pas pourquoi vous dites adieu (ou s'il ne le comprend pas), vous lui laissez la possibilité de revenir dans votre vie. Dans un moment de faiblesse, il pourrait s'excuser. Et sans même vous en rendre compte, vous êtes de nouveau en couple. Il continuera de faire les mêmes erreurs et vous recommencerez à ressentir ces émotions compliquées et tristes.

Vous n'avez qu'une vie à vivre. Pourquoi continuer de reproduire les mêmes erreurs encore et encore ? Vous méritez mieux, et c'est pourquoi vous devez faire vos adieux. Assurez-vous que vos adieux soient synonymes de bon débarras afin qu'il ne subsiste pas de sentiments compliqués entre vous deux.

C'est important que vous utilisiez aussi les mots « adieu » ou « au revoir » dans votre esprit. Faire vos adieux ne veut pas dire « à plus tard » ou « à la prochaine ». C'est un adieu. C'est un pan de votre vie qui se ferme. Adieu signifie que vous ne le reverrez plus jamais. Cela vous permet de clore définitivement et en toute conscience ce chapitre afin que vous puissiez aller de l'avant.

C'est plus sain pour vous deux. De nombreuses personnes ne disent pas réellement « au revoir » ou « adieu ». À la place, elles prononcent des phrases comme « J'ai besoin d'un peu de temps ». Un commentaire de ce genre donne l'impression que la rupture n'est que temporaire. Il est possible qu'il ne passe pas à autre chose dans l'espoir que vous reviendrez à la raison et reveniez vers lui. De plus, vous ne faites que retarder l'inévitable tout simplement pour éviter à devoir gérer le problème tout de suite. Ce n'est pas une stratégie très saine, ma foi.

Prolonger l'inévitable ne fera que vous faire perdre plus de temps. Cela ne fera que vous blesser davantage quand vous devrez expliquer à la personne pourquoi elle ne vous convient pas. Quand vous avez arrêté vos raisons pour lui dire adieu, dites-le. Sinon, vous ne faites que reporter le processus de rupture à plus longtemps qu'il n'est nécessaire. Ce n'est pas juste pour vous et ce n'est pas juste pour lui.

Les ruptures sont difficiles. Il n'existe pas de façon facile de rompre. Mais c'est une étape par laquelle il faut passer. Se détacher de quelqu'un n'est pas facile parce que vous avez donné une partie de vous-même à cette personne. Vous vous êtes confiée à cette personne et vous avez consenti à être vulnérable. Avec chaque échec romantique, il est probable que vous rajoutiez une couche à votre armure afin de protéger votre cœur. Mais si vous apprenez à vous détacher en temps et en heure, vous n'aurez pas besoin de cette armure.

Vous pouvez vous détacher afin de protéger votre cœur. Les échecs romantiques ne sont pas des échecs. Les échecs romantiques sont un outil d'apprentissage. Vous apprenez à savoir ce que vous voulez dans la vie. Vous devenez une porte-parole de l'amour. Vous vous assurez de ne pas vous contenter de n'importe qui.

. . .

En vous détachant, vous devez émotionnellement disponible pour la prochaine personne que vous inviterez dans votre vie.

Si vous voulez vous détacher de la façon la plus sincère possible, vous devez dire adieu et savoir pourquoi vous le dites. Gardez à l'esprit que cet adieu est un adieu permanent. C'est un bon débarras. Vous n'avez pas besoin de cette personne dans votre vie. En tout cas, plus de manière romantique. Vos raisons vous permettront de passer aux étapes suivantes sans faire de rechute et sans réaccepter cette personne dans votre vie.

2

DIRE ADIEU

Maintenant que vous savez pourquoi vous devez dire adieu à cette personne, il est temps de le faire pour de vrai. Vous ne voulez pas qu'on vous accuse de mener quelqu'un en bateau plus longtemps qu'il n'est nécessaire. Vous devez couper les liens avec votre compagnon pour passer à autre chose.

Dire adieu n'est pas aussi simple que d'envoyer un sms ou un courriel. Vous devez le faire correctement. Afin que vous puissiez tous les deux passer à autre chose, vous devez gérer la rupture de façon mature. Cela veut dire que vous devez le faire en face. Même si ce n'est peut-être pas évident, c'est la meilleure chose à faire pour vous à long terme.

Vous devez avoir plusieurs choses en tête quand vous faites vos adieux. Vous devez rompre avec lui, afin de vous permettre à tous les deux de tourner la page et d'établir une distance émotionnelle.

. . .

Bien que ses sentiments à lui ne soient peut-être pas votre préoccupation première, vous devez tout de même vous assurer que la rupture est claire. Sinon, vous aurez peut-être épargné ses sentiments mais sans vous assurer que la relation est définitivement terminée. Si vous voulez réellement passer à autre chose, la situation doit être limpide. Il doit savoir que la relation est terminée et que vous ne vous remettrez plus jamais ensemble. Pour ce faire, vous devrez peut-être faire preuve d'un peu plus de rudesse que d'habitude.

Dire adieu nécessitera aussi un peu d'organisation de votre côté. Il ne faut pas le faire dans la précipitation. Concentrez-vous sur ce qui doit être fait afin d'aller de l'avant et de poursuivre avec le reste des étapes. Si vous voulez vous détacher une bonne fois pour toutes, vous devez lui dire au revoir de manière à ce que la situation soit limpide pour vous deux.

LA RUPTURE

Malheureusement, il n'existe pas de mode d'emploi prédéfini à suivre quand vous mettez fin à une relation. Cela fait un certain temps qu'il est dans votre vie. Vous le connaissez mieux que quiconque. Cela veut dire que vous devrez anticiper ses réactions. La dernière chose dont vous avez besoin est de provoquer une scène quand vous avez décidé de rompre. De plus, il faut veiller à gérer votre porte de sortie une fois que vous êtes prête à partir.

La rupture ne devrait pas être spontanée. De la même façon

qu'un rendez-vous galant est planifié, la rupture doit l'être aussi. Cela vous donne le temps de vous concentrer sur plusieurs détails :

- Ce que vous voulez dire
- Ce que vous voulez faire
- Où vous voulez rompre
- Dans quel état vous allez laisser les choses

Que voulez-vous lui dire ?

Vous devez dire quelque chose de manière à ce qu'il sache que c'est fini. Évitez les mots du genre « ce n'est pas toi, c'est moi ». Tout ce que cela dit, c'est que vous ne voulez pas blesser la personne avec laquelle vous voulez rompre. La plupart des relations seront difficile à mener à terme parce qu'il y avait de vrais sentiments. Si vous ne vous sentez pas mal à rompre avec lui, vous n'avez finalement pas eu à vous détacher.

Quand vous dites que vous voulez rompre, ce n'est pas aussi simple que de le dire vraiment et de passer à autre chose. Pourquoi voulez-vous rompre ? Pourquoi maintenant ? Ce sont des points auxquels vous devez répondre pour votre propre bien être mental ainsi que le sien. Vous devez être soucieuse de ses sentiments tout en évitant de refouler les vôtres au cours de ce processus.

Dites ce que vous avez à dire

Ne vous retenez pas. Vous ressentez peut-être de la colère ou de la tristesse à l'idée de mettre un terme à cette relation. Une fois que vous connaissez toutefois les raisons à l'origine de cette rupture, vous savez qu'elle est nécessaire. Alors, lancez-vous et dites ce que vous avez sur le cœur. Ne vous censurez pas.

Si vous n'êtes pas certaine de ce que voulez dire ou si vous ne savez pas quelle réaction vos paroles susciteront chez lui, entrainez-vous à rompre. Couchez-la sur papier. Répétez la devant un miroir. Jouez le rôle avec un ami. Vous pouvez user de votre créativité pour prononcer les mots qui lanceront la séquence de la rupture.

Répéter votre rupture d'une façon ou d'une autre est sain. Vous vous assurez ainsi de savoir ce que vous allez dire, ce qui facilite le processus. Si vous perdez le fil de vos pensées, il sera plus difficile les exprimer. Vous oublierez peut-être quelque chose d'important, comme le fait que vous voulez mettre un terme à cette relation.

Qu'est-ce que vous voulez faire ?

Vous devez vous représenter tel un marionnettiste en ce qui concerne la rupture. Comment souhaitez-vous orchestrer la rupture afin qu'elle aille dans le sens que vous voulez ? Vous voulez peut-être qu'il s'assoie en face ou à côté de vous. Vous voulez peut-être attendre d'être dans un endroit public.

Vous le connaissez mieux que quiconque. Quelle est sa personnalité ? S'il est timide et réservé, il peut être avisé de rompre avec lui dans un endroit privé afin qu'il puisse être seul avec ses sentiments après le choc. S'il est tapageur et a une tendance tyrannique, il peut être avisé de rompre avec lui dans un endroit bondé où vous vous sentirez en sécurité.

. . .

La rupture doit être faite en tête à tête. Mais, il y a des circonstances qui justifient de ne pas le faire face à face. Si vous êtes dans une relation longue distance, il n'est pas cohérent que l'un de vous dépense de l'argent juste pour gérer la rupture. C'est l'occasion de passer un appel vidéo. Cela vous permet de rompre en personne comme la situation le mérite sans lui demander de vous rendre visite juste pour briser son cœur.

Où allez-vous rompre avec lui ?

Le lieu est crucial parce que vous ne voulez pas faire de scène. Vous devez aussi vous sentir en sécurité lors de la rupture. Si votre partenaire a tendance à être imprévisible, tapageur ou menaçant, choisissez un endroit public. Si vous pensez qu'il risque d'être violent ou de négocier pour sauver la relation, il peut être avisé d'avoir un ami dans les parages qui peut vous apporter de l'aide le cas échéant.

Les restaurants sont publics mais ils peuvent être chers. S'il vous offre un beau diner, la rupture n'en sera que plus désagréable. Il ressentira de la rancœur d'avoir dépensé autant d'argent pour se faire jeter.

Les cafés sont publics, pratiques et bon marché. Si vous ne voulez pas être seule chez vous, il peut être avisé de choisir un café.

Si vous savez que vous pouvez tous les deux gérer la rupture de manière responsable sans faire de scène, songez à le faire chez lui. Pourquoi chez lui ? Afin que vous puissiez partir quand tout a été dit. Si la rupture se fait chez vous, vous allez peut-être devoir finir par le mettre dehors.

Dans quel état voulez-vous laisser les choses ?

C'est important de savoir comment vous voulez laisser les choses après la rupture. Cela ne veut pas dire laisser une porte ouverte pour vous remettre ensemble. Cela veut dire procéder de manière à ce cette histoire ait la fin que vous lui souhaitez, celle qui vous permette de tourner la page.

L'état dans lequel vous voulez laisser les choses dépend fortement du type de relation que vous avez. S'il est votre petit ami, il peut être suffisant de simplement mettre un terme à la relation. S'il est votre colocataire, l'un de vous deux devra déménager. S'il est votre collègue, l'un de vous deux devra peut-être trouver un autre emploi. S'il est votre époux, vous devrez entamer la procédure de divorce.

Faites-en sorte d'établir des lignes directrices en ce qui concerne l'état dans lequel vous voudrez laisser les choses. Au lieu de laisser les choses en suspens, identifiez ce que vous devez peut-être aborder.

- Avez-vous des affaires chez lui que vous devez récupérer ?
- A-t-il une clé de votre logement ?
- Avez-vous des dépenses communes ?

Tout ce que vous partagez devra être divisé en deux ou vous devrez vous en séparer. Par exemple, si vous avez un animal de compagnie ensemble, il vous faudra décider qui en a la garde. Il est préférable de songer à tout cela maintenant. Faites une liste afin de pouvoir aborder ces problèmes au moment de la rupture. Sinon, vous devrez les gérer après la rupture. Et si vous pouvez éviter le plus possible les contacts futurs, il vous sera plus facile de tourner la page et d'aller de l'avant.

TOURNER VÉRITABLEMENT LA PAGE

Tourner la page est ce dont vous avez besoin, ainsi que votre ex, pour aller de l'avant. Cette étape survient quand vous acceptez tous les deux que la relation est terminée. Elle vous donne le moyen d'aller de l'avant avec vos vies. Sans cela, vous ne vous sentirez jamais réellement confiante pour vous engager dans une nouvelle relation, même si ce n'est pas quelque chose que vous avez à l'esprit actuellement.

Tourner la page est différent pour chacun d'entre nous. Vous pouvez choisir d'effacer son numéro de téléphone de votre portable ou décider de le supprimer de tous vos réseaux sociaux, mais vous devez aussi vous assurer que la rupture est véritablement consommée. Pour ce faire, les deux côtés doivent pouvoir dire ce qu'ils ont sur le cœur.

Vous devez dire ce que vous avez à dire.

Ne retenez rien pour qu'il sache pourquoi vous mettez un terme à la relation. Ces dernières semaines ou ces derniers mois, il a peut-être ressenti que vous aviez pris de la distance. Vous n'avez pas soufflé le chaud puis le froid en l'espace de quelques jours. Peut-être sait-il donc déjà qu'une rupture était inévitable.

Votre devoir n'est pas de protéger cette personne. Il ne faut pas refouler vos émotions. Exprimez-les. Dites-lui ce que vous ressentez, ce que vous pensez de lui et de ce qu'il a fait. S'il y a un sentiment de négativisme auquel vous vous accrochez, faites-le savoir. Bien qu'il soit trop tard pour recoller les morceaux de votre relation, il saura que ce sont ses actions qui ont mené à l'échec de celle-ci en particulier.

Concernant la façon dont vous voulez dire les choses, vous pouvez choisir la façon qui vous convient le mieux. Cela peut être en personne afin de voir comment il réagit. Cela peut être via un courriel ou une lettre une semaine ou deux après la rupture, un délai vous permettant de prendre un peu distance avant. En ne vous censurant pas et en exprimant vos sentiments, il sera plus facile de vous détacher.

Si vous ne tournez pas la page, vous vous retrouverez dans une situation floue où rien n'est clair et limpide. Dire des phrases comme « J'ai besoin de temps pour réfléchir » est une façon agréable de vous éloigner de la personne. Elle ne permet pas néanmoins de tourner la page parce qu'il n'y a rien de final dans ce que vous avez dit. Cela laisse toujours une porte ouverte pour qu'il revienne dans votre vie. Il peut aussi choisir d'attendre que vous ayez réfléchi.

Comment êtes-vous censée tourner la page si vous n'avez pas réellement rompu ? Il ne peut clairement pas passer à autre chose si c'est ce que vous lui avez dit. Il vous attendra. Il vous appellera peut-être même régulièrement pour voir si vous avez eu assez de temps pour réfléchir. Cela ne fait que retarder l'inévitable. Il ne faut pas demander du temps pour réfléchir puis rompre.

Soyez directe.

La seule façon de vous assurer que vous pourrez tourner la page est d'être directe. Tout, sauf être directe, rendra les choses plus compliquées et aucun de vous deux ne saura véritablement que la relation est terminée.

Une autre chose à prendre en compte est que vous êtes tous les deux des êtres humains. Vous vous attendez peut-être à beaucoup de choses de la part votre ex pour tourner la page. Une grande partie de cela peut être en lien avec les raisons qui vous ont poussée à rompre. Il vous a peut-être trompée. Il a peut-être été violent. Il a peut-être été négligent. Il a peut-être été narcissique. Ce qu'il est ou a été ne vous concerne plus parce que vous avez décidé d'en finir avec la relation.

N'espérez pas des excuses de sa part.

Votre ex n'est peut-être pas capable de s'excuser. Il ne voit peut-être pas ce qu'il a fait de mal. Si vous attendez des excuses de sa part avant de passer à autre chose, il est possible que vous ne tourniez jamais la page. Autrement dit, vous devez être préparée à passer à autre chose sans cela.

. . .

En plus, il est possible qu'il ne se rende pas du tout compte qu'il a fait quelque chose de mal. Quand vous mettrez un terme à la relation, il pourra être contrarié ou fâché parce qu'il ne sait pas pourquoi vous rompez. Vous pouvez simplement nommer les raisons rapidement et passer à autre chose. Tout comme vous n'obtiendrez peut-être pas d'excuses, vous n'avez pas à vous excuser non plus.

Attendez-vous à ce qu'il négocie.

Vous voulez peut-être mettre un terme à cette relation mais il se peut qu'il n'y soit pas prêt. C'est à ce moment qu'il vous faut vous attendre à des négociations de sa part. Il peut vous dire des choses comme « Je peux changer » ou « Donne-moi une autre chance ». Si vous avez vraiment contribué à ce que la relation se poursuive, vous avez d'ores et déjà espéré des changements et vous lui avez déjà donné de nombreuses secondes chances.

Ne perdez pas votre temps. Ne le laissez pas vous faire changer d'avis. Vous rompez avec lui pour une certaine raison. Revenez à vos raisons et repassez-les dans votre tête. Soyez ferme. Vous voulez que cette rupture ait lieu et il faut qu'elle ait lieu.

Attendez-vous à de la colère.

Surtout quand vous lui dites pourquoi vous voulez rompre et que vous lui énumérez ses erreurs, attendez-vous à ce qu'il soit en colère. Il vous enverra peut-être vos propres erreurs à la figure. Il pourra aussi choisir de vous dire tout ce que vous avez contribué de négatif dans la relation de votre côté. Ne vous laissez pas déstabiliser. Ne vous énervez pas.

La relation prend fin. Vous ne pouvez plus rien y faire. Débattre avec lui ne ferait que retarder l'échéance de la rupture et vous énerver pour rien. Si c'est vraiment ce qu'il ressent, c'est une bonne chose de rompre. Tout comme vous aviez besoin de dire ce que vous ressentez, permettez-lui de faire de même. Bien que cela puisse être blessant, laissez-le s'énerver du moment que la colère ne se transforme pas en violence physique.

Si la colère s'éternise, mettez-y fin. Rappelez-lui qu'il a le droit d'être en colère mais que cela ne change pas le fait que votre relation prend fin. Vous contrôlez la situation ici. En tant qu'initiateur de la rupture, vous pouvez choisir combien de temps vous allez le laisser parler. Dites-lui d'exprimer ses ressentiments par écrit, par lettre ou par courriel. Vous n'avez pas à subir que l'on vous crie dessus plus longtemps que nécessaire.

Une fois que vous avez géré les échanges d'amabilités pendant la rupture, la négociation, géré la colère et les mots, vous devriez pouvoir tourner la page.

PRENDRE SES DISTANCES VIS-À-VIS DES ÉMOTIONS

Vous devez prendre vos distances vis-à-vis des sentiments que vous ressentiez pour cette personne. Bien que vous ne soyez peut-être pas préparée à rayer tout souvenir de lui de votre vie, vous devez songer aux différents aspects de votre vie qui vous le rappelleront.

Les photos qui pendent à vos murs devront être décrochés. Les photos de votre couple sur votre téléphone devront être effacées ou rassemblées dans un fichier. Vous devrez éviter ces endroits préférés où vous aviez l'habitude d'aller tous les deux pendant un moment. La rupture est récente, alors évitez ce qui pourrait déclencher de la nostalgie dans votre vie. Vous devez assimiler tous vos sentiments avant de vous confronter à des choses qui sont émotionnellement rattachées à lui.

Une fois que vous avez mis un terme à la relation, assurez-vous de prendre assez de distance, émotionnellement, dans chacun des aspects de votre vie.

Commencez par les réseaux sociaux. Effacez son profil de tous vos comptes. Il vaut mieux éviter les notifications de ses déplacements et de sa vie sociale qui risqueraient de vous blesser. Si vous pensez que vous serez tenté de l'épier en ligne, bloquez-le complètement.

Songez aux endroits où il aime se détendre. Il pourrait être préférable, les premières semaines, de vous rendre à l'autre bout de la ville pour faire vos courses, aller au restaurant, ou dans un bar.

Informez vos amis de la rupture afin qu'ils évitent de parler de lui. Surtout si vos amis sont aussi les siens, il vaut mieux ne pas savoir ce qu'il fait ou qui il voit. Vous devez simplement faire comme s'il avait été complètement rayé de votre vie.

. . .

La distance émotionnelle est essentielle parce qu'il ne faut pas que vous vous retrouviez face à des rappels incessants sur le plan physique autant que moral du temps passé ensemble. Plus il est présent dans votre vie, plus vous aurez du mal à passer à autre chose. Sans cette distance, vous devrez peut-être gérer des états comme une dépression, de l'anxiété ou même de la colère. Vous n'avez pas besoin de ce genre de négativité dans votre vie. Il y a beaucoup de choses que vous pouvez faire pour l'éviter, mais vous devez vous assurer de vous libérer de ce qui pourrait provoquer une réaction chez vous.

Vous devez vous assurer d'avoir de l'espace pour respirer. Si vous avez le sentiment que vous avez fait une erreur quand vous regardez des photos de vous deux du temps ou vous étiez heureux, cela ne fera que vous faire constamment douter de vous. Au besoin, remplissez l'espace autour de vous avec des rappels concrets, ces raisons pour lesquelles votre relation était vouée à l'échec. Prenez des post-its et inscrivez-y tous ses défauts. Rappelez-vous ce qu'il vous faisait ressentir et les raisons de la rupture. Collez ces post-its sur votre miroir, au-dessus de votre lit et même sur votre bureau au travail.

Rappelez-vous que la douleur que vous ressentez, celle d'être loin de lui, n'est que temporaire. Moins vous aurez de souvenirs de lui, plus il sera facile de vous détacher. Voir sa photo ne sera plus si douloureux. Entendre son nom ne sera pas plus déchirant.

Concentrez-vous sur d'autres choses plutôt que la fin de votre relation. Faites le plein de selfies. Faites une randonnée et prenez des photos de l'incroyable faune sauvage qui vous entoure lors de votre périple. Meubler vos soirées avec des sorties en ville afin de vous rendre compte que vous n'avez pas besoin d'un homme dans votre vie.

La distance émotionnelle est difficile à mettre en œuvre mais c'est une étape nécessaire si vous voulez passer à autre chose et aller de l'avant. En fin de compte, permettez-vous d'être triste mais ne vous laissez pas bouleverser par les détails.

3

QUAND IL VOUS FAIT SES ADIEUX

Bien que vous aimeriez peut-être être à l'initiative de la rupture, ce n'est pas toujours le cas. S'il est à l'initiative de la rupture, vous perdez le contrôle sur la situation. Tourner la page pourrait s'avérer plus difficile, surtout s'il rompt sans que vous ayez la possibilité de connaître ses raisons. Cela ne signifie pas que vous ne pourrez pas tourner la page. Il suffit simplement de savoir comment se retrouver dans le bon état d'esprit et aller de l'avant sans lui.

Qu'il rompe ou qu'il cesse simplement toute communication avec vous, il a choisi de continuer sa vie sans vous. C'est difficile, mais vous allez devoir accepter la situation parce que vous n'avez pas votre mot à dire.

ACCEPTEZ SES PAROLES

Une rupture doit être gérée de manière adulte et responsable. Il ne faut pas vous mettre à pleurer, à argumenter ou à crier. Bien que vous puissiez ne pas être d'accord avec tout ce qu'il a à dire, vous devez accepter tout ce qu'il a à dire.

Tout ce qu'il vous dit lors de ce discours de rupture préparé vous permettra d'avoir les réponses nécessaires pour avancer. Il vous dit probablement pourquoi il ne peut plus être en couple avec vous. Le cliché « Ce n'est pas toi, c'est moi » n'est certainement pas ce que vous avez envie d'entendre. Demandez-lui pourquoi la relation se termine vraiment s'il ne vous donne pas de raison convaincante.

Souvent, c'est bien vous qui êtes en cause. Bien que vous n'ayez techniquement rien fait de mal, il y a une raison qui explique pourquoi il préfère rompre avec vous. Il ne veut pas être en couple avec vous. Peut-être y a-t-il une autre femme, peut-être pas. Cependant, vous devez accepter le fait qu'il a le droit de ne pas vouloir être en couple avec vous. Vous devez ravaler votre fierté, vous reprendre et accepter cette vérité.

Une rupture peut survenir de deux manières.

Vous l'aviez pressentie.

Vous aviez peut-être le sentiment que la relation n'allait nulle part. La seule différence est que c'est lui qui a pris l'initiative de la rupture. Au lieu d'argumenter avec lui ou de vous énerver parce qu'il a été à l'initiative de la rupture, montrez que vous pouvez faire preuve de sagesse. Soyez d'accord avec lui. Acceptez qu'il ait remarqué les mêmes problèmes que vous. De cette façon, vous pourrez tous les deux aller de l'avant plus rapidement à la suite à cette rupture. Si vous êtes contrariée qu'il soit à l'origine de la rupture, cela ne fera qu'aggraver votre peine de cœur. Acceptez la rupture puisque vous saviez que cette relation allait inévitablement se terminer.

Vous ne vous doutiez de rien.

Malheureusement, certaines ruptures nous prennent complètement par surprise. Comment ça, « C'est terminé » ? « Je croyais qu'on était heureux ensemble » ? Vous voulez probablement lui jeter toutes ces questions à la figure. Cependant, cela ne vous sera d'aucune utilité. Acceptez qu'il vous dise que la relation est terminée afin de pouvoir aller de l'avant sans lui. Vous voulez peut-être rester en couple, mais ça ne peut être positif que s'il le veut lui aussi. Vous vous aimez trop pour être dans une relation à sens unique. Souvenez-vous de cela.

L'acceptation est la première étape pour gérer une rupture. Bien que cela soit dommage que vous ne puissiez pas en contrôler les détails, vous devez désormais affronter la réalité. Si vous ne faites plus partie d'un couple, vous êtes seule. Peu importe que vous ayez été ensemble pendant des mois ou des années, vous êtes désormais célibataire. Il ne veut pas être avec vous. Tout va bien, même si ce n'est pas le sentiment que vous avez actuellement. Il y a un côté positif à cela : vous avez l'opportunité de trouver quelqu'un qui veut vraiment être avec vous.

GÉRER LE SILENCE RADIO

Le silence radio est un scénario possible, malheureusement. Vous avez une relation incroyable. Puis, sans l'ombre d'un avertissement, voilà qu'il fait le mort. Bien que cela puisse arriver rapidement dans une relation, par exemple avant d'avoir pu le revoir face à face, cela peut aussi arriver après des mois de fréquentation.

Faire le mort arrive souvent dans la mesure où les hommes n'ont simplement pas envie de gérer la rupture. Par conséquent, ils l'évitent totalement. Il s'agit d'une méthode très immature de gérer une relation par crainte de ce qui pourrait se passer.

Le plus grand problème avec cette technique, c'est que le doute s'insinue en vous. Vous vous demandez pourquoi vous n'avez pas réussi à le rendre heureux, qu'est-ce que vous avez mal fait et pourquoi personne ne peut vous aimer. Bien que cela ne soit pas facile, vous devez comprendre que vous n'en êtes pas la cause. Ce n'est pas que vous ne lui avez pas assez plu. Il a été immature. Il n'était pas apte à construire une relation adulte. Il est responsable de la tournure des évènements, pas vous.

Beaucoup de personnes ne font pas beaucoup d'efforts dans leurs relations, ce qui souvent se traduit par peu d'efforts au moment de la rupture. C'est pourquoi le silence radio devient chose courante. La bonne nouvelle, c'est que si c'est ce qu'il ressent pour cette relation, il est effectivement préférable d'arrêter les frais maintenant. Cela ne rend pas votre douleur plus supportable mais cela vous permet au moins d'échapper à une relation vouée à l'échec sur le long terme.

. . .

Il existe peut-être des dizaines de raisons qui expliquent pourquoi quelqu'un fait le mort. Peut-être n'était-il pas capable de gérer les émotions qui vont de pair avec une rupture face à face. D'un autre côté, il était peut-être déjà en couple ou même marié. Sa partenaire était peut-être sur le point de tout découvrir alors il vous a opposé un silence radio pour éviter d'avoir à expliquer quoi que ce soit. Quelle que soit la raison, il voulait être le premier à rompre.

Prenez-le comme un compliment. De nombreuses personnes qui adoptent cette technique manquent de confiance en soi. Elles ont peur d'être rejetées alors elles préfèrent être le premier à rompre. Elles ne sont peut-être pas capables de communiquer ouvertement. Elles ne sont peut-être pas à l'aise avec leurs émotions.

Soyez heureuse d'être libérée de cette relation. Ne prenez pas ce silence radio personnellement. Acceptez le fait qu'il n'était pas compatible avec vous, et allez de l'avant. Bien qu'il soit dommage de ne pas pouvoir discuter de cette décision et de ses sentiments avec lui, il lui manque clairement la maturité nécessaire pour être en couple avec vous, ou avec n'importe qui d'autre d'ailleurs.

ACCEPTEZ LE FAIT QUE VOUS NE POUVEZ PAS LUI FAIRE CHANGER D'AVIS

Il ne changera pas d'avis. Et vous ne devriez pas avoir envie de lui faire changer d'avis non plus. De la même façon que vous aimeriez qu'il respecte votre décision, vous devriez être disposée à faire de même pour lui. Ce serait que gênant pour vous si vous le suppliez de vous reprendre.

Une relation solide est basée sur de nombreux facteurs différents. L'affinité est un facteur majeur. Bien que vous ressentiez peut-être cette attirance, ce n'est peut-être pas son cas. Bien que cela soit difficile à accepter, vous devez être disposée à le faire. Si l'affinité n'allait pas dans les deux sens, il est préférable de le reconnaître maintenant et de passer à autre chose. Sinon, vous ne ferez que vous faire du mal plus longtemps jusqu'à la rupture inévitable.

Bien que cette rupture vous ait peut-être prise par surprise, vous ne pouvez rien faire maintenant que la vérité a été dite. Il vous a peut-être donné une raison de rompre que vous pouvez gérer. Si ce n'est pas le cas, sachez qu'il a ses raisons, qu'il vous donne l'occasion de les entendre ou pas.

Il est peut-être attiré par quelqu'un d'autre. Il n'a peut-être pas le temps d'entretenir une relation. Il déménage peut-être à l'autre bout du pays. Il n'est peut-être simplement pas intéressé par vous. Quelle que soit la raison, ne vous évertuez pas à le faire changer d'avis. Il vous a déjà dit tout ce que vous deviez savoir : il ne veut pas continuer cette relation avec vous. Acceptez-le.

Si vous le suppliez de revenir, vous paraitrez faible. Vous réussirez peut-être mais cela ne sera que temporaire. Le faire changer d'avis ne signifie pas vraiment que vous l'avez fait changer d'avis. Ce n'est que retarder l'inévitable. Il vous a dit qu'il voulait mettre un terme à cette relation. Si vous lui faites changer d'avis, cela ne fera que rendre la rupture moins gênante. Il reviendra sur ses mots mais seulement pour un temps. Il n'aurait pas rompu s'il était réellement investi dans cette relation et qu'il envisageait un avenir. Plutôt que de vivre une seconde rupture, acceptez qu'il soit déjà parti.

Plus vous compliquez la situation, plus difficile elle sera. S'il voulait être avec vous, il trouverait un moyen de surmonter les obstacles que vous rencontrez. C'est pourquoi vous ne pouvez utiliser les raisons qu'il vous donne pour lui faire changer d'avis. Cela ne fonctionne pas ainsi et vous ne voulez pas que cela fonctionne ainsi de toutes les manières. Pourquoi vouloir être avec quelqu'un qui ne veut pas être avec vous ?

Ne lui faites pas une scène.

Votre gestion d'une rupture en dit beaucoup sur votre caractère. Cela peut aussi donner aux gens autour de vous un indice sur votre niveau de maturité. S'il choisit de rompre dans un lieu très public, n'oubliez pas cela. Quelqu'un d'intéressé par vous pourrait le voir. Si vous pleurez, lancez des objets ou criez, vous pouvez faire fuir les éventuels prétendants car ils vous considèreront comme instable.

Tout ce qui concerne la rupture doit être géré avec maturité, même s'il ne le perçoit pas. S'il est immature, vous ne pouvez rien y faire. Concentrez-vous sur votre propre gestion de la rupture.

. . .

x dans un endroit calme, qu'il s'agisse de
ıtre, faites preuve de maturité. Partez
r ou jetez-le dehors quand vous en avez
avez pas à rester plus longtemps que
vous manque de respect. S'il veut
ses qu'il a toujours détestées chez vous,
a situation. Vous n'avez pas à supporter
ouvez contrôler ce que vous décidez

e, ayez conscience que vous devrez
faires. Si vous explosez et agissez de
eut qu'il décide de se venger sur vos
scuter de ces détails afin de savoir
combien de temps vous avez pour déménager vos biens. Sinon, vous les trouverez peut-être un jour dans la rue avant d'avoir eu le temps de réfléchir à la situation.

L'objectif devrait toujours être de gérer une rupture avec autant de maturité que possible. Même s'il est peut-être à l'initiative de la rupture, vous contrôlez la façon dont vous gérez les conséquences de cette décision. Contrôlez vos émotions et discutez de tous les points importants à gérer maintenant que vous n'êtes plus ensemble.

MANTRAS À SUIVRE POUR L'ÔTER DE VOTRE ESPRIT

Il se peut que vous ne vouliez pas être célibataire. Mais vous n'avez pas le choix. Désormais, vous devez vous préparer à aller de l'avant à partir du moment où il a fait ses adieux et rompu. Il y a quelques mantras que vous pouvez vous répéter à vous-même ou à voix haute pour vous aider à vous prémunir mentalement.

- Je ne veux pas être avec un homme qui ne veut pas être avec moi
- Il n'appréciait pas ce qu'il avait avec moi
- Mon destin m'attend
- Je mérite d'être aimée par un homme qui me respecte
- Il ne faut pas s'accrocher à un homme qui n'est pas amoureux de moi

Avec ces quelques mantras, vous pouvez soulager votre état d'esprit à la suite de cette rupture. Bien que se remettre de tout ce qu'il a dit puisse vous prendre du temps, passer à autre chose est l'option la plus saine pour vous. Vous devrez peut-être vous rappeler cette vérité de temps à autre afin de surmonter le fait qu'il ait choisi de mettre un terme à votre couple.

4

CRÉEZ VOTRE PROPRE GROUPE D'AMIS

Vous vous sentez peut-être perdue actuellement. Vous n'êtes plus en couple. Vous avez déclaré forfait. Maintenant, vous devez vous rappeler ce que cela fait d'être célibataire. Des mois ou peut-être des années se sont écoulées depuis la dernière fois que vous étiez célibataire. Vous vous sentez peut-être seule, triste ou incapable d'aller de l'avant.

C'est la période critique pour se créer son propre groupe d'amis. Vous avez besoin de personnes qui vous apporteront du soutien pour vous remettre de cette rupture. Peu importe l'état dans lequel vous avez laissé les choses avec votre ex, vous avez besoin de proches qui s'investissent pour vous aider à vous détacher et vous libérer une bonne fois pour toutes.

VOS AMI(E)S

Derrière chaque femme de talent se trouve un groupe de personnes qui lui apporte leur soutien. Quand vous vivez une rupture, que vous en soyez l'auteur ou pas, vous avez besoin de personnes qui seront là pour vous.

Il y a un de nombreuses raisons qui expliquent pourquoi vous avez besoin de personnes à vos côtés :

- L'amitié
- Le soutien
- Les conseils
- Le divertissement

Il est préférable que vous ne soyez pas toute seule dans les jours et semaines qui suivent la rupture. Si vous n'avez pas une amie qui vous sert de boussole morale, il est probable que vous soyez tenté de prendre votre téléphone pour appeler votre ex. Il est probable que vous lui envoyiez un sms, que vous postiez sur sa page Facebook, ou que vous fassiez autre chose qui lui indique que vous voulez vous remettre ensemble.

Créer son groupe d'ami(e)s ne sera peut-être pas aussi facile que vous le pensez. Il faut vous entourer des quelques personnes de votre cercle d'ami(e)s les plus proches. Ceux et celles à qui vous pouvez confier tous les petits détails croustillants de votre vie. Il peut s'agir d'amis hommes, d'amies femmes ou même de membres de votre famille.

Expliquez à votre groupe d'ami(e)s ce qu'il s'est passé.

. . .

Si vous voulez qu'ils vous aident à surmonter cette période difficile, ils ou elles doivent savoir tout ce qu'il s'est passé. Racontez-leur les raisons à l'origine de la rupture. Puis, faites en sorte de leur raconter comment la rupture s'est déroulée. Des larmes ont-elles été versées ? Des négociations entamées ? De la colère exprimée ? Donnez tous les détails afin qu'ils aient l'impression d'avoir été là au moment de la rupture.

Il y a plusieurs raisons qui expliquent pourquoi il faut que vos ami(e)s sachent tout.

Tout d'abord, ils doivent connaître vos raisons, afin de vous les rappeler le cas échéant. Dans un moment de faiblesse, ils peuvent vous rappeler pourquoi votre ex devrait rester un ex.

Ensuite, ils peuvent vous rappeler à quel point vous avez été forte pendant la rupture et à quel point votre ex a essayé de faire peser toute la responsabilité de la rupture sur vos épaules. Quand vous commencez à prendre un peu de distance vis-à-vis de la rupture, il est possible d'oublier à quel point la situation était difficile. Vos amis seront là pour vous inculquer un peu de bon sens.

Enfin, votre groupe d'ami(e)s saura vous faire sortir de votre torpeur. Vous allez peut-être traverser quelques périodes de dépression, de solitude ou de colère. Vos ami(e)s sauront ce que vous avez vécu. Et puisque vos ami(e)s vous connaissent si bien, ils ou elles sauront quoi dire et quoi faire pour vous remonter le moral. Mais, ils ne pourront pas le faire si vous ne leur avez pas raconté tous les détails désagréables.

. . .

L'amitié est essentielle.

L'amitié diffusée par vos ami(e)s vous aidera d'autant de manières inimaginables. Vous avez besoin de plus que juste de l'amitié. Vous avez besoin d'un groupe solidaire, d'un clan autour de vous. Les membres de ce clan pourront vous raconter leurs propres vécus de rupture et de lâcher prise. Vous pouvez apprendre de leurs erreurs. Vous pouvez vous assurer de ne pas vous sentir si seule.

Si les personnes de votre groupe d'ami(e)s n'ont jamais vécu de rupture et n'ont jamais eu à se libérer de l'emprise de quelqu'un, vous n'aurez pas cette franche camaraderie dont vous avez besoin. C'est pourquoi il est essentiel de sélectionner vos ami(e)s avec soin. Assurez-vous d'avoir beaucoup en commun avec les membres de votre groupe afin qu'ils puissent vous aider à surmonter cette période.

Le soutien apporte du réconfort.

Votre groupe vous apportera le soutien émotionnel dont vous avez besoin, surtout juste après la rupture. Vous avez agi avec courage en choisissant de quitter quelqu'un que vous aimiez dans votre vie. Mais c'était difficile. Et maintenant vous vous sentez vulnérable. Le soutien que vous apporte votre groupe d'ami(e)s réchauffe votre cœur et vous rassure que vous avez fait le bon choix.

. . .

Le soutien prend plusieurs formes. Un membre du groupe peut vous faire des cookies ou des cupcakes. Un autre peut venir regarder un film à l'eau de rose avec vous. Un autre peut s'assoir à vos côtés avec une tasse de café et vous donner la possibilité d'exprimer votre tristesse.

En ayant plusieurs personnes dans votre clan, vous pouvez avoir le soutien dont vous avez besoin et quand vous en avez besoin. Les membres de votre groupe peuvent discuter entre eux pour décider qui devrait venir vous rendre visite et quand. Cela vous permet d'avoir ce dont vous avez besoin sans avoir à le demander.

Les conseils aident à avancer.

Vous n'êtes pas censée avoir toutes les réponses. Il y aura des moments où vous vous tournerez vers vos ami(e)s. Ils ou elles peuvent être vos confidents. Ils ou elles peuvent aussi vous dire ce que vous devez faire quand vous doutez de vous.

Il se peut que vous ne sachiez pas quoi faire maintenant que vous n'êtes plus en couple. Parlez à vos ami(e)s. Comptez sur leurs expériences passées pour vous guider afin que vous ne soyez plus si perdue. Ils ou elles peuvent vous aider grâce à ce qu'ils ont déjà vécu eux-mêmes ou vous donner des conseils puisqu'ils vous connaissent si bien.

Vous aurez peut-être besoin de quelqu'un pour parler de toutes ces émotions que vous ressentez. Pourquoi est-ce que vous pleurez encore à cause de votre ex ? Quand est-ce que vous pourrez retourner aux endroits que vous aimiez ? Quand est-ce qu'il est conseillé de recommencer à organiser des rendez-vous galants ? Bien que vos ami(e)s ne puissent peut-être pas répondre à toutes vos questions, ils ou elles pourront vous aider de plusieurs manières. Parler à des amis proches peut-être grandement thérapeutique. Parfois, il ne s'agit même pas vraiment de conseils mais plus d'une thérapie. Il vous faut quelqu'un à qui vous confier.

Exprimer vos griefs équivaut à tenir un journal. Mais cela vous permet de les exprimer à voix haute. Cela vous apporte aussi l'amitié et le soutien dont vous avez besoin pour vous rappeler que vous n'êtes pas seule. Vous n'êtes pas la seule à vivre une rupture avec quelqu'un et apprendre à passer à autre chose. C'est dur mais c'est plus facile de surmonter cette épreuve quand vous avez l'amour et le soutien de vos ami(e)s.

Vos ami(e)s vous connaissent si bien que leurs conseils peuvent tomber en plein dans le mille. Les membres de votre groupe seront peut-être plus à même de vous dire ce que vous devez faire que n'importe qui d'autre parce qu'ils savent qui vous êtes et ce que vous pensez. Ils peuvent vous aider à sortir de votre coquille. Si vous avez l'impression que vos ami(e)s ne peuvent pas vous apporter ce dont vous avez besoin, il y a toujours la possibilité de consulter un thérapeute.

Les divertissements aident à d'oublier.

Il est facile de se perdre psychologiquement quand on vit une rupture. Il est possible que vous pensiez à toutes les choses que vous auriez pu lui dire, que vous vous demandez comment vous allez bien pouvoir passer à autre chose ou que vous vous dites que vous avez fait une erreur et que vous voulez vous remettre avec lui. La meilleure chose à faire est de vous distraire. Sinon, vous allez ruminer vos pensées et vous rendre folle.

Vos ami(e)s seront là pour vous divertir, même quand vous ne voulez pas être divertie. Il y aura toujours un(e) ami(e) qui vous traînera dans un club, malgré vos refus répétés. Vous avez besoin de ce genre de personnes dans votre groupe parce qu'elles savent comment vous faire penser à autre chose.

Il est également bien d'avoir des personnes qui vous feront sortir de votre zone de confort. Peut-être quelqu'un de votre groupe a-t-il un loisir que vous ne connaissez pas ou que vous ne partagez pas. Il peut vous présenter quelque chose de différent, ce qui est précisément ce dont vous avez besoin en ce moment.

Les ruptures sont difficiles. Néanmoins, si vous ne vous perdez pas dans le dédale de vos pensées et que vous arrivez à ne pas penser à la rupture pendant plusieurs heures, c'est formidable. Vous commencerez à lâcher prise, ce qui vous permettra d'avoir des pensées plus positives pour remplir votre esprit.

LES PROFESSIONNELS

Il n'y aucune raison de ne pas élargir le groupe d'ami(e)s que vous avez créé autour de vous et y inclure d'autres personnes qui peuvent vous aider d'une autre manière. Les professionnels peuvent vous fournir le soutien psychique et émotionnel que votre tribu n'est peut-être pas apte à fournir.

Ne vous sentez pas gênée de demander de l'aide. Dans notre société actuelle, beaucoup de personnes voient comme une faiblesse de demander l'aide de professionnels, qu'il s'agisse d'un prêtre, d'un thérapeute, ou de quelqu'un d'autre. Vous n'êtes pas faible. Vous avez besoin de temps pour guérir. Et quelle que soit la manière comment on parvient à guérir.

Vous pouvez consulter autant de professionnels que vous le souhaitez :

- Des prêtres ou d'autres représentants religieux
- Des conseillers en santé mentale, psychologues ou psychiatres
- Des thérapeutes spécialisés en relations conjugales
- Des professeurs de yoga

Si vous êtes croyant, vous pouvez vous tourner vers un prêtre ou un pasteur.

Avoir une guidance religieuse peut vous aider à voir qu'il y a un dessein derrière tout cela. Si vous avez besoin de renouveler votre foi ou simplement d'entendre ce qu'un conseiller de Dieu peut avoir à dire sur votre rupture, vous pouvez prévoir un rendez-vous avec votre prêtre ou pasteur. Vous pouvez aussi assister à une messe pour entendre les paroles de Dieu. Souvent, les enseignements du jour peuvent vous aider à vous sentir plus en paix avec vos décisions.

Selon l'église que vous fréquentez, il peut aussi être une bonne idée de rejoindre un groupe. Cela peut vous permettre de passer du temps avec d'autres qui partagent vos croyances. Ils peuvent vous montrer qu'il y a une raison divine derrière votre histoire. Ils vous aideront à renouer avec votre croyance et vous montreront qu'il ne faut pas vivre dans le passé. Surtout si vous étiez avec quelqu'un qui ne partageait pas votre croyance, il pourrait être positif de réfléchir pourquoi c'est une bonne chose de ne plus être avec lui.

Si vous vous sentez déprimée, prenez un rendez-vous avec un conseiller en santé mentale.

Un conseiller en santé mentale peut vous aider quant à votre anxiété ou dépression. Nous gérons tous les ruptures différemment. Si vous avez l'impression d'avoir une pression constante sur la poitrine ou que vous pouvez vous mettre à pleurer à n'importe quel sujet, il est peut-être temps d'accepter que vous ayez besoin de plus d'aide.

Une ou deux sessions hebdomadaires avec un conseiller en santé mentale peuvent vous être bénéfiques. C'est l'occasion de parler à quelqu'un de ce que vous vivez. Vous apprendrez aussi des mécanismes pour gérer ce genre d'épreuves et pour surmonter votre anxiété ou votre dépression.

. . .

De plus, un conseiller en santé mentale peut vous recommander un psychologue ou un psychothérapeute si vous pensez avoir besoin d'aide supplémentaire, comme un traitement médicamenteux.

Quand vous avez besoin de revenir sur le chemin du bien-être mental, cela peut être une très bonne façon de le faire. Il ne faut pas vous sentir brisée à cause de la personne avec qui vous étiez. Si vous ne pouvez pas vous en sortir seule, il y a des professionnels avec les diplômes adéquats. Ils peuvent vous offrir de sages conseils.

Si vous voulez être sûre de ne pas reproduire les erreurs que vous avez faites dans la prochaine relation, prenez rendez-vous avec un thérapeute spécialisé en relations.

Ces thérapeutes peuvent vous aider de différentes manières. Contrairement à un conseiller en santé mentale, ils se concentreront sur vous et votre relation au lieu de vous diagnostiquer un problème de santé mentale. Si vous avez des difficultés à vous retrouver, un thérapeute spécialisé en relations peut vous aider à faire le point.

Une idée fausse circule selon laquelle les thérapeutes ou conseillers en relations ne sont que des personnes qui sont en couple. C'est faux. Vous pouvez compter sur un thérapeute pour vous aider dans votre manière de raisonner. Si vous associez à votre rupture un aspect négatif, cela peut avoir un impact sur toutes les relations futures. Il se peut que vous deviez repenser la façon dont vous envisagez les relations afin de pouvoir passer à autre chose.

La relation était peut-être votre erreur, son erreur ou une combinaison des deux. Dans tous les cas, un thérapeute vous offrira une oreille attentive pour que vous puissiez parler de la fin de votre relation. De plus, il pourra poser des questions afin que vous puissiez analyser la relation sous plusieurs angles différents.

Avec l'aide d'un thérapeute, vous pourrez guérir. Vous pouvez apprendre qui vous êtes, ce que vous voulez dans une relation et pourquoi vous méritez d'être heureuse dans n'importe quelle relation que vous choisissez. Ce genre d'informations peut être inestimable, c'est pourquoi il est important d'élargir votre groupe de soutien au-delà de vos ami(e)s, de temps à autre.

Si vous voulez trouver un semblant de paix avec vous-même, allez à un cours de yoga.

Le yoga peut vous offrir quantité de bienfaits. Outre le gain en souplesse et la baisse de tension musculaire, il peut également vous offrir des bienfaits psychologiques. La première et la plus évidente raison de suivre des séances de yoga après une rupture est celle d'évacuer le stress. Surtout dans les jours qui suivent la rupture, ou vous serez sous tension. Écouter votre respiration et faire les poses que vous conseillera un professeur peut vous aider à vous détendre.

. . .

Vous devez trouver plusieurs façons de sortir de votre propre esprit. Un professeur de yoga peut ressentir votre tension et vous aider. Être conscient de sa respiration est l'un des premiers enseignements du yoga. Cela vous permet d'aiguiser votre attention et votre concentration. C'est un très bon outil de méditation qui vous permet de sortir de votre propre esprit.

Suivez autant de cours de yoga que vous le souhaitez. Trouver le bon professeur de yoga peut prendre un peu de temps, ne pensez pas que vous devez rester avec le premier que vous trouvez. Une fois que vous verrez l'effet positif que le yoga peut avoir sur votre bien-être mental, vous continuerez le yoga peut-être bien longtemps après avoir tourné la page.

Votre groupe de soutien peut être constitué par qui vous voulez.

Bien sûr, il y a plein d'autres personnes que vous pouvez inviter à joindre ce groupe. L'essentiel est que vous ne surmontiez pas cette situation seule. Vous pouvez créer une combinaison gagnante qui vous convienne. En permettant à d'autres personnes de rejoindre votre groupe, vous n'aurez pas à gérer toute cette angoisse psychique seule. Beaucoup d'ami(e)s voudront vous aider à porter votre fardeau si vous le leur permettez. Quand vous sentez que vos ami(e)s ne peuvent pas vous aider pour gérer certaines de vos pensées, permettez à des professionnels de le faire.

Une fois que vous avez bâti votre groupe de soutien, vous pouvez commencer à guérir plus efficacement. Ce groupe peut vous accompagner aussi longtemps que vous le souhaitez. Il pourrait même être tellement utile que vous finirez par le garder éternellement. C'est une très bonne façon de vous assurer que vous n'aurez pas le cafard ou que vous ne vous lancerez pas dans d'autres relations problématiques à l'avenir.

LES MANTRAS POUR BÂTIR VOTRE GROUPE

Un mantra peut vous aider à vous focaliser sur le positif dans votre vie. Dans votre cas particulier, vous pouvez répéter des mantras pour vous aider à bâtir votre groupe de soutien quand vous essayez de vous remettre de cette rupture.

Quelques mantras pour vous guider :

- Rien n'est plus précieux dans la vie que l'amitié
- Les ami(e)s n'exigent pas que vous les impressionniez
- L'amitié est inconditionnelle
- Les bons ami(e)s peuvent communiquer sans mots
- Un(e) véritable ami(e) est là durant les moments difficiles

Il est important d'avoir des mantras que vous pouvez vous réciter de temps à autre. Ils sont censés vous dire que c'est normal de vous appuyer sur vos ami(e)s. Quand ils ou elles vivront une période difficile, vous serez là pour eux aussi.

Les véritables ami(e)s feront toujours partie de votre groupe. Les mantras peuvent être de simples rappels, à savoir qu'il est normal de les laisser vous aider. Lâcher prise d'une relation est difficile. Si vous ne laissez pas vos amis vous aider, lâcher prise sera peut-être impossible. Il n'y pas de conditions pour recevoir l'amour, le soutien et les conseils de vos ami(e)s. Laissez-les être là pour vous. Laissez-les vous guérir. Un jour, vous aurez l'opportunité de rendre la pareille quand ils auront besoin de vous pour guérir.

5

PRENDRE DU TEMPS POUR SOI

Maintenant que votre ex est sorti de votre vie, un vide énorme s'installe, remplaçant le temps passé avec lui. Plutôt que de laisser ce vide vous envahir, comblez-le avec du temps à prendre soin de vous-même. Prendre du temps pour vous est un élément essentiel à toute routine de bien-être. Cela vous permettra aussi de retomber amoureuse de vous-même.

Surtout si vous étiez ensemble avec votre ex depuis longtemps, il se peut que vous ayez oublié qui vous êtes sans lui. Vous devez vous rappeler de qui vous êtes et ce que vous aimez faire maintenant qu'il a disparu du décor. Commencer une relation avec vous-même peut être très amusant. C'est aussi ce qui vous permettra de le laisser partir une bonne fois pour toutes.

Connaître les raisons pour lesquelles vous devez prendre du temps pour vous est important. Sinon, vous continuerez votre semaine de travail comme si de ne rien était. Ce n'est que trop tard que vous réaliserez que vous avez besoin de temps. Prendre du temps pour vous-même régulièrement, vous permettra de prendre soin de vous.

Si vous n'avez jamais eu l'habitude d'entretenir une relation avec vous-même, la période qui suit une rupture est le moment idéal pour commencer. Pas besoin de dépenser beaucoup d'argent. Vous n'avez pas non plus nécessairement besoin de beaucoup de temps. Pour autant que ce temps soit bien employé, vous pourrez en retirer tout un tas de bénéfices. Il existe de nombreuses possibilités pour vous permettre de pouvoir guérir mentalement.

Rappelez-vous également qu'il y a une grande différence entre être seule et se sentir seule.

POURQUOI PRENDRE DU TEMPS POUR SOI EST IMPORTANT

Prendre du temps pour vous se résume à prendre soin de vous. Trop de personnes sont pris par leur travail, les amis et d'autres choses dans leur vie, si tant qu'elles en oublient de s'intéresser à elles-mêmes. Vous êtes peut-être tellement occupée que vous ne vous rendez même pas compte que vous ne prenez pas soin de vous. Les mamans s'en plaignent régulièrement. Elles sont tellement occupées à acheter des vêtements pour toute leur famille qu'elles ne prennent pas le temps de penser à ce dont elles ont besoin, elles.

La raison pour laquelle vous devez prendre du temps pour vous est double. Tout d'abord, vous devez veiller à ce que vos besoins les plus élémentaires soient comblés. Puis, vous devez renouer avec vous-même et découvrir qui vous êtes.

Prenez soin de vous.

Vous vous occupez peut-être de l'essentiel comme de vous brosser les dents et de vous habiller, mais que faites-vous pour vous soigner ? À quand remonte la dernière fois où vous vous êtes vraiment fait plaisir ? Que ce soit en allant dans votre café préféré pour commander votre latte préféré ou en faisant une croisière avec vos ami(e)s le week-end, vous devez prendre soin de vous mentalement et physiquement.

Prendre soin de vous peut vous permettre de relancer la machine. Vous pouvez vous détendre, améliorer votre concentration et réduire un peu le stress que vous cumulez. En faisant cela, vous vous rendrez compte que vous êtes même plus productive, grâce au temps que vous prenez occasionnellement pour vous détendre.

Quand vous commencez à prendre soin de vous mentalement, vous vous rendrez compte que vous êtes plus apte à résoudre les problèmes. Que vous avez la capacité d'améliorer également vos relations. Quand vous êtes dans un meilleur état d'esprit, vous êtes une meilleure amie, une meilleure collègue et même une meilleure patronne. Sinon, vous êtes tellement stressée que vous commencez à vous énerver contre tout le monde, que vous vous en rendiez compte ou pas.

. . .

Renouez avec vous-même.

Vous pensez peut-être que personne ne vous connaît mieux que vous-même. Mais, si vous étiez avec votre ex depuis longtemps, vous vous connaissez mieux en tant que moitié d'un couple. Maintenant que votre autre moitié n'est plus là, vous vous sentez peut-être un peu seule. Prendre du temps pour vous, vous permet de vous redécouvrir.

Si vous ne savez pas qui vous êtes, il sera également difficile pour quiconque de vraiment vous connaître. Le temps que vous passerez à quelle que soit l'activité qui vous convienne, vous permettra de vous reconnecter à vos pensées. Vous pourrez décider de ce que vous aimez et de ce que vous n'aimez pas. Vous pouvez aussi décider que vous désirez vous adonner à une activité - et ce, sans que personne dans votre vie ne vous dise que vous ne pouvez pas ou ne monopolise votre temps, vous pouvez faire comme vous le voulez.

Renouer avec vous-même vous permettra de vous redécouvrir. Vous pouvez déterminer si vous êtes heureuse avec vous-même ou si vous devez travailler sur certaines choses – qu'il s'agisse de développer votre confiance en vous, d'améliorer votre apparence ou même de devenir plus franche.

Si vous découvrez qui vous êtes, il est plus facile d'entretenir une relation avec vous-même. Quand vous voulez vous libérer de l'emprise de quelqu'un, vous devez vous sentir à l'aise seule. Si vous ne vous sentez pas bien seule, vous continuerez à être lié à ce que vous aviez avec lui. Maintenant qu'il n'est plus là, il ne reste plus que vous. Et il n'y a rien de mal à cela.

. . .

Vous pouvez être seule sans vous sentir seule. C'est important de comprendre pleinement la différence entre être seule et se sentir seule. Quand vous apprenez à passer du temps avec vous-même, vous serez peut-être seule. Mais, puisque vous vous sentez bien, seule avec vos sentiments, vous ne vous sentirez pas seule.

Être seule peut être incroyablement gratifiant. Cela vous permet de vous sentir revigorée, que ce soit mentalement ou spirituellement. Assurez-vous simplement de connaître cette différence afin de pouvoir identifier le sentiment de solitude, le cas échéant. Prenez le temps de nommer vos sentiments lorsque vous commencez à vous sentir seule pendant vos moments de solitude. Si vous commencez à passer du temps devant la télévision au lieu de sociabiliser ou que vous commencez à boire de l'alcool seule afin d'oublier, vous êtes peut-être en temps de tomber dans la dépression. C'est à ce moment-là qu'il peut être judicieux de faire appel aux professionnels dont vous vous êtes entourés comme un conseiller en santé mentale.

Apprenez à profiter de votre temps en solitaire de façon à ce que vous puissiez vous sentir dynamique et en pleine forme à la fin. Si vous luttez avec le sentiment d'insécurité et d'extrême fatigue, c'est qu'il y a quelque chose qui ne va pas. Acceptez et apprivoisez pleinement votre statut de célibataire et expérimentez différentes manières pour profiter de votre temps personnel. Que vous soyez introvertie ou extravertie, vous devez apprendre à entretenir une relation avec vous-même.

ENTRETENIR UNE RELATION AVEC SOI-MÊME

Entretenir une relation avec soi-même peut sembler être un concept étrange. Mais, vous le méritez. Assurez-vous de prendre assez de temps, et régulièrement, pour entretenir une relation avec vous-même. Les tâches ménagères variées, le travail et les engagements personnels peuvent rendre cette mission difficile. Mais vous devez adapter votre agenda afin de vous accorder beaucoup de temps pour vous-même.

Il existe plusieurs manières de prévoir du temps personnel :

- Se réveiller un peu plus tôt
- Se déconnecter de la technologie
- Fermer sa porte de bureau
- Sortir du bureau pour la pause déjeuner
- Prévoir dans son agenda un rendez-vous avec soi-même

Il ne s'agit pas toujours de quantité. Il s'agira toujours de la qualité de ce temps que vous vous consacrez. Vous pouvez transformer 30 minutes en temps qualitatif personnel si vous y mettez du cœur. Mais vous pouvez aussi gâcher une journée entière si vous ne créez pas assez de temps qualitatif personnel.

Une bonne idée peut être celle de pratiquer une activité sportive ou faire de l'exercice. Vous pouvez aussi passer du temps à sociabiliser avec vos amis. Mais, là encore, vous pouvez aussi tout simplement rattraper les épisodes en retard de votre série préférée ou regarder un film en pyjama.

Il n'y a pas de bonne ou de mauvaise façon de passer du temps avec soi-même. L'important est de prendre du temps et de vous permettre d'en profiter au maximum. Si vous êtes heureuse et détendue, vous donnez à votre corps ce dont il a besoin.

Durant le temps consacré à vous-même, apprenez à vous apprécier. Vous êtes celle qui vit la rupture. Il y a peut-être toutes sortes de petits démons intérieurs qui vous racontent des mensonges. Vous devez affronter ces épreuves vous-même. En vous appréciant plus, vous serez plus forte. Permettez-vous d'être vulnérable sans vous noyer dans cette vulnérabilité. Appréciez toutes les choses positives de votre vie.

Vous avez le pouvoir de contrôler votre bonheur. Entretenir une relation avec vous-même peut vous aider à mieux vous connaître et vous rendre heureuse. Et si vous entretenez une relation avec vous-même et que vous vous aimez, vous pouvez réaliser tous vos rêves.

Entretenir une relation avec vous-même a le potentiel de changer votre vie. Plus vite vous apprendrez à le faire, plus vite vous apprendrez ce qu'est le bonheur. Prenez l'initiative d'entretenir une relation avec vous-même afin de ne pas dépendre de la compagnie d'un homme pour assurer votre bonheur. Même si vous avez commencé une nouvelle relation, vous pouvez continuer celle que vous avez débutée avec vous-même. Cela peut être l'une des façons les plus simples de contrôler votre bonheur et de vous permettre de faire le point sur ce que vous ressentez réellement.

QUELQUES IDÉES POUR VOTRE TEMPS PRIVILÉGIÉ

Amusez-vous lors de votre temps personnel afin de vous lâcher un peu et de vous retrouver. Vous n'avez pas besoin non plus de dépenser une fortune pour passer du temps avec vous-même. Que vous restiez à la maison, que vous sortiez, que vous passiez du temps avec vos ami(e)s ou que vous choisissiez du temps pour être seule, il y a plein d'options possibles.

Usez de votre créativité. C'est aussi une bonne idée de diversifier vos activités et d'en essayer de nouvelles. Ce temps vous offre la possibilité de vous découvrir. Si vous n'essayez pas de nouvelles choses, vous ne saurez pas si vous les aimez ou pas. C'est aussi l'occasion de faire appel à vos ami(e)s pour quelques idées supplémentaires. Vous n'avez pas à vous faire accompagner par des membres de votre groupe. Mais vous pouvez leur demander des conseils puisqu'ils vous connaissent si bien. Même si cela paraît fou, vous finirez peut-être par en tomber amoureuse.

Une journée spa

Que vous le fassiez à la maison ou dans un spa, relaxez-vous et chouchoutez-vous un peu. Vous pouvez vous offrir une manicure et une pédicure, ou demander à un massothérapeute de dénouer tous ces nœuds. Traitez votre peau avec un soin du visage et détendez-vous. C'est l'occasion d'oublier tous les problèmes du monde en l'espace de quelques heures. Ne vous sentez pas obligée d'inviter une amie pour vous accompagner. Y aller seule vous permet aussi d'éviter d'échanger des banalités.

. . .

Aller au cinéma

Il n'y a rien de bizarre à aller au cinéma toute seule. C'est l'occasion de profiter d'une séance matinale pour voir la dernière comédie romantique ou d'attendre la nuit tombée pour frissonner devant le dernier film d'horreur. Quelle que soit votre préférence, achetez un billet et du popcorn. S'installer dans une salle de cinéma pendant deux heures peut être exactement la thérapie dont vous avez actuellement besoin.

Sorties entre amies

Quand vous êtes en couple, vos amies peuvent en souffrir. Vous devez passer du temps avec « lui » à chaque fois que vous avez du temps libre. Si vous vous languissez de vos amies depuis quelque temps, contactez-les. Vous leur manquez probablement autant qu'elles vous manquent. Allez danser ou passer une soirée entre filles à boire des verres de vin autour de la table du salon tout en bavardant et échangeant les derniers potins.

Suivre un cours

Sortez de votre zone de confort et inscrivez-vous à un cours. Vous pouvez suivre un cours d'art comme peinture ou poterie. Mais vous pouvez aussi très bien suivre un cours de cuisine. Acquérir une nouvelle compétence peut être une façon très efficace de vous distraire et de ne pas penser à une certaine personne. Si vous aimez vraiment le cours, cela peut être le début d'un nouveau passe-temps qui peut remplir une partie de votre temps libre afin de ne pas vous sentir si seule en semaine.

Passer du temps à la salle de sport

Si vous n'êtes pas allée à la salle de sport depuis un bout de temps, c'est l'occasion de rattraper votre retard. Vous pouvez vous inscrire à un cours ou simplement mettre vos écouteurs et vous lancer sur le tapis de course. Brûler des calories peut améliorer votre estime de vous. De plus, grâce à l'action des endorphines, vous vous sentirez plus heureuse. Vous pouvez y passer avant d'aller au travail, pendant votre pause déjeuner ou même avant de rentrer chez vous.

Sortir prendre un petit-déjeuner

Faites-vous plaisir avec un petit déjeuner. Vous pouvez vous l'offrir en allant au travail ou pendant votre journée de repos. Essayez un nouvel endroit en ville où vous pouvez commander un café gourmand ou vous laisser tenter par de délicieux produits. S'asseoir pour manger un repas seule donne le temps de réfléchir tout en appréciant un repas copieux. Beaucoup de personnes sortent manger seules. Ne vous sentez pas gênée de demander une table juste pour vous.

Aller à un concert

Si vous voulez aller à un concert, vous n'avez pas besoin d'être accompagnée. Une fois que la musique aura commencé, vous serez tellement absorbée par la performance musicale que cela n'aura pas la moindre importance qu'il ait quelqu'un à vos côtés ou pas. Même si aucun artiste ne se produit dans votre région, vérifiez s'il n'y a pas une soirée musicale dans un parc près de chez vous. Il peut s'agir d'un marché fermier, d'un vignoble local ou d'un autre endroit. Cela vous permet de sortir de la maison et de vous divertir pendant quelques heures.

Du shopping sans modération

Autorisez-vous à dépenser un peu d'argent. Allez dans votre centre commercial préféré et faites-vous plaisir en vous offrant de nouvelles choses. Vous pouvez acheter de la décoration pour relooker votre logement. Vous pouvez aussi acheter une nouvelle robe ou une paire de chaussures pour vous sentir mieux dans vos baskets. Ne sous-estimez pas le pouvoir d'un peu de shopping-thérapie. Quelques sacs remplis d'emplettes et vous aurez plus d'énergie.

Prendre des petites vacances

Avez-vous songé à visiter un endroit incroyable, n'importe lequel ? Que vous restiez dans le coin ou que vous changiez de pays, allez où vous en avez envie. Vous n'avez pas à demander la permission à quiconque, alors réservez vos vacances sans vous soucier du reste du monde. Vous pouvez sauter dans un avion, en direction de la première destination qui vous saute aux yeux à l'aéroport ou planifier une croisière pour célibataires. Quel que soit votre choix, détendez-vous, prenez des photos et amusez-vous à faire la touriste de base.

Visiter un musée

Vous pouvez visiter un musée d'art, d'histoire ou même des sciences. Passez quelques heures à déambuler dans les salles et à regarder toutes les expositions. Apprenez de nouvelles choses. Prenez des notes. Prenez des photos. Amusez-vous. S'il y a des conférences ou des ateliers, participez. Même si vous êtes déjà allée dans ce musée un millier de fois, faites comme si vous étiez touriste. Vous apprécierez le musée de façon différente.

Faire une randonnée

Lacez vos chaussures de randonnée, remplissez quelques

bouteilles d'eau et en route pour les sentiers de randonnée ! Selon votre lieu de résidence, il peut y avoir des parcs nationaux ou régionaux dans les environs. Vous pouvez suivre un sentier qui comprend un peu d'escalade. Même s'il n'y a pas de gros sentiers près de chez vous, trouvez un chemin de promenade agréable. Profiter de l'extérieur peut être une très bonne façon de vous distraire. En plus, l'air frais fera du bien à vos poumons. Prenez quelques selfies sur le chemin pour montrer votre amour de la nature.

Cuisiner un plat différent

Prenez un nouveau livre de recettes et installez-vous dans la cuisine. Vous pouvez essayer de cuisiner un nouveau plat, comme un ragout ou des cookies aux pépites de chocolat. Lorsque vous passerez du temps seule, vous pourrez peaufiner votre talent. En plus, quand vous avez terminé, vous pouvez manger ce que vous avez préparé. C'est l'occasion d'apprendre et de profiter en même temps.

Lire un bon roman

Vous avez peut-être un livre que l'on vous a recommandé et que vous n'avez pas encore eu le temps de lire. Quand vous aurez réussi à vous accorder un peu de temps, vous pourrez enfin dévorer ce livre, que vous préfériez sentir les fines pages de papier sous vos doigts ou la version numérique avec votre liseuse. Quel qu'il en soit, s'immerger dans une histoire peut être une excellente façon d'oublier les tracas du monde pendant quelques heures. Si vous n'avez pas encore de nouveau livre, allez à la bibliothèque ou en librairie pour remédier au problème.

. . .

Journal ou scrapbooking

Que vous ayez des talents de rédaction ou de scrapbooking, passez du temps à faire ce que vous aimez. Vous pouvez retranscrire certaines pensées qui vous ont taraudées cette dernière semaine. Si les mots ne sont pas votre point fort, lancez-vous dans du scrapbooking. Remplissez un livre avec des photos, des reçus, des brochures de voyage et d'autres choses que vous avez faites. Cela pourra vous aider à vous rappeler les choses incroyables que vous avez faites. En plus cela peut vous changer les idées pendant un petit moment.

Tant que vous apprenez à vous détendre et à vous amuser, ce que vous faites n'a pas d'importance. Chaque semaine, étudiez votre emploi du temps avec soin et veillez à prévoir beaucoup de temps pour vous. Cela vous aidera non seulement à passer à autre chose mais aussi à vous assurer de maintenir une relation saine avec vous-même pour les années à venir.

DES MANTRAS POUR VOTRE TEMPS PRIVILÉGIÉ

Vous pouvez vous servir des mantras quand il faut vous rappeler l'importance de prendre du temps pour vous. C'est facile de se laisser distraire par la vie. Mais si vous avez du temps pour vous, vous en serez plus heureuse.

Voici quelques mantras que vous pouvez vous répéter ou écrire sur des post-its :

- Je me sens revigorée par la vie
- Je sais que prendre du temps pour moi comblera mes besoins

- J'ai le temps de me concentrer sur moi aujourd'hui
- Prendre du temps pour moi et pour moi seulement, m'aide à me soigner
- Entretenir une relation avec moi-même me permet d'apprendre qui je suis

Quand vous récitez ces mantras dans votre tête ou à voix haute, votre concentration augmente et vous vous rendrez compte de l'importance de prendre régulièrement du temps personnel.

6

CRÉER SON HOMME PARFAIT

À un moment donné, vous serez prête à passer à autre chose. Bien que vous n'ayez pas besoin d'un homme pour cela, sa compagnie peut être agréable pour partager les hauts et bas de la vie. Il y a une raison qui explique pourquoi vous avez rompu avec votre ex. Il n'était pas parfait pour vous. Maintenant, c'est l'occasion de vous amuser un peu en développant votre définition de l'homme parfait.

Ne vous concentrez pas sur l'aspect physique. Concentrez-vous plutôt sur ce qui pourrait rendre cet homme si parfait. Plongez-vous dans les différents aspects de sa personnalité, de ce qu'il est, de ce qu'il défend et de ce qu'il vous fait ressentir. Cela pourra vous aider à en savoir plus sur ce que vous recherchez. Vous serez moins susceptible de vous satisfaire d'une relation médiocre avec comme seul but d'éviter la solitude si vous avez des idées précises sur lesquelles vous ne voulez pas faire de compromis.

. . .

Prendre le temps de créer votre homme parfait est positif pour votre estime de soi. C'est aussi un point de repère pour s'assurer que vous n'acceptez rien de moins que ce qu'il y a de mieux. Vous méritez d'être heureuse. Il n'y a aucune raison de se précipiter dans une relation, surtout si vous savez qu'elle n'est pas bonne pour vous. Approfondissez les différents aspects de la personnalité d'un homme afin de savoir exactement ce que vous recherchez.

Pourquoi créer l'homme parfait ?

Vous devez savoir qu'il est possible de retrouver l'amour. La dernière chose à faire serait de commencer une relation parce que vous vous ennuyez ou que vous vous sentez seule. En en sachant plus sur votre homme parfait, vous commencerez à avoir des attentes. Il n'y a aucune raison qui justifie de vous contenter de moins.

Vous valez tellement plus que ce que vous pensez. Si vous acceptez sans cesse le statu quo, vous serez dans un état de désespoir perpétuel. Vous ne voulez pas tout donner pour une relation qui ne le mérite pas. Si vous ne savez pas réellement ce que vous voulez chez un homme, peut-être ne commenceriez-vous jamais de relation qui le mérite vraiment.

Nous avons toutes notre propre interprétation de la perfection masculine. Vous avez peut-être déjà regardé les hommes qui partagent la vie de vos amies en vous demandant ce qu'elles avaient bien pu lui trouver. Mais, il est probable qu'elles ont trouvé ce qui leur convenait, à elles. Vous avez peut-être des idéaux très différents. Il n'y a rien de mal à ce que vous ressentez. C'est une bonne idée de se pencher sur les différentes facettes qui composent un homme et de décider ce que vous voulez. Au moins, cela vous fait repenser aux hommes et vous permet de vous défaire de celui que vous aviez et de ne pas regarder en arrière.

LES ASPECTS ÉMOTIONNELS

Chaque homme est différent dans la façon dont il partage ses émotions. Vous cherchez peut-être quelque chose de différent de quelqu'un d'autre en termes aussi de la manière dont les émotions sont exprimées. Votre premier réflexe peut être d'aller complètement à l'opposé de votre ex. Cependant, veillez à ce que ce soit bien ce que vous voulez.

Regarder diverses émissions de télévision et des films peut vous aider à identifier les différentes options dont on dispose quand il s'agit de voir comment les hommes peuvent exprimer leurs émotions. Vous voudrez peut-être modeler votre "homme parfait" d'après un personnage particulier.

Posez-vous la question s'il est ouvert ou fermé en ce qui concerne ses émotions. Est-ce que vous voulez savoir chaque petit détail de ce qu'il ressent ou est-ce que vous préférez qu'il garde tout cela à l'intérieur ? Bien sûr, il faut toujours un équilibre. Vous ne voulez peut-être pas connaitre son émotion ressentie à chaque instant. Il peut y avoir un temps et un lieu pour exprimer ses émotions.

Voulez-vous quelqu'un qui pleurera facilement dès qu'il est

triste ou qu'il ressent beaucoup d'émotions ? Êtes-vous à l'aise à l'idée d'avoir un homme qui pleure sur votre épaule ? Vous devez être réaliste à propos de certaines choses.

Certaines personnes voient le fait de pleurer comme un signe de faiblesse alors que d'autres y voient la capacité de s'exprimer vraiment. Vous devez décider comment vous voyez le fait de pleurer afin de pouvoir y faire face le moment venu.

Il y a aussi plein d'autres émotions à explorer. Comment gère-t-il la colère ? Se lancera-t-il dans une diatribe à chaque fois que quelque chose ne va pas dans son sens ou passera-t-il rapidement à autre chose ? Manifester facilement sa colère peut être un signe avant-coureur que quelque chose ne va pas. Il est probablement préférable de ne pas commencer une relation avec quelqu'un qui ne peut pas contrôler ses émotions, surtout s'il s'agit de la colère.

L'amour est une autre émotion qu'il vous faut analyser, par rapport à la manière dont un homme peut la gérer. Si vous n'arrivez jamais à savoir s'il vous aime ou pas, cela risque d'être problématique. S'il n'est pas le premier à dire « Je t'aime », aller de l'avant pourra s'avérer difficile. En outre, il vaut mieux éviter une relation où il le dit trop rapidement, au tout début d'une relation, ce qui pourrait vous obliger à rester dans cette relation à cause de ses forts sentiments.

Il y a un équilibre à tout. Beaucoup d'émotions sont saines mais il faut aussi s'assurer qu'elles soient correctement équilibrées. Si quelqu'un devient trop émotif alors que la situation ne le justifie pas, cela peut être un signe d'avertissement que cette personne n'est pas aussi stable mentalement que vous le voudriez. De la même façon, ne montrer aucune émotion alors que la situation le justifie peut aussi signifier que la personne a des problèmes émotionnels, ce qui peut vous empêcher de créer une véritable connexion avec elle.

Alors que vous déterminez simplement le type d'émotions que vous souhaitez s'exprimer chez votre homme parfait, l'important est d'être à l'affût de vraies émotions quand vous débutez votre prochaine relation. Comment il réagit à tout un tas de scénarios peut être très parlant quant à votre degré d'affinité futur et sur votre gestion commune des hauts et bas dans la vie.

DISPONIBILITÉ

La disponibilité est un concept important lorsqu'il s'agit de déterminer ce que vous recherchez chez l'homme idéal. Vous voulez qu'il soit disponible sur le plan émotionnel, mais vous devez aussi songer à combien de temps vous comptez passer avec lui. Si vous êtes quelqu'un qui aime passer beaucoup de temps seule, vous ne voudrez peut-être pas avoir quelqu'un qui soit toujours disponible.

Certains hommes voyagent beaucoup dans le cadre de leur travail. Cela signifie qu'il pourrait passer plusieurs nuits d'affilée loin de la maison, chaque mois. Si vous êtes d'un naturel jaloux, votre relation peut en prendre un coup. Mais si vous avez un emploi du temps chargé et une vie bien occupée, il peut même ne pas vous manquer quand il n'est pas là.

. . .

Il n'y pas de bonne ou de mauvaise réponse en ce qui concerne le degré de disponibilité que vous recherchez. Une grande partie de tout cela se résumera au langage amoureux que vous allez employer. Si vous avez fortement besoin de temps de qualité, vous voudrez quelqu'un qui sera là quand vous aurez besoin de lui. Si le fruit de votre expression romantique se traduit par des cadeaux ou même des petits gestes, le fait qu'il ne soit pas présent tout le temps ne sera peut-être pas dérangeant du tout.

Soyez simplement honnête sur ce que vous voulez afin de savoir quand vous l'avez, ou quand vous ne l'avez pas.

ORIENTATION PROFESSIONNELLE / CAPACITÉ FINANCIÈRE

L'orientation professionnelle et la capacité financière de votre homme parfait sont des éléments à prendre en considération. Bien que vous ne vouliez pas paraître superficielle à vous soucier de considérations de cette nature, vous devrez y songer sérieusement.

Réfléchissez-y sous ce point de vue : si vous comptez, un jour, avoir des enfants et être femme au foyer, il vous faut un homme qui soit concentré sur sa carrière. Il doit avoir la capacité financière qui puisse vous permettre de rester à la maison avec les enfants tout en vivant la vie que vous voulez.

Si vous êtes carriériste et que vos revenus sont très confortables, il vous importera peut-être peu que votre homme ait la même ambition. Vous voulez peut-être quelqu'un d'aussi carriériste que vous. Mais vous pouvez aussi chercher quelqu'un qui soit moins obnubilé par sa carrière que vous afin que vous n'ayez pas à vous soucier de sacrifier votre propre carrière pour satisfaire la sienne.

On en revient à l'équilibre, qui semble être un élément récurrent dans les différents aspects qui composent un homme parfait. Vous voulez quelqu'un qui assurera l'équilibre entre la vie que vous avez et la vie que vous voulez en fin de compte avoir.

À mieux connaître le genre d'orientation de carrière que vous recherchez chez un homme parfait, vous serez plus honnête avec les hommes que vous serez amenée à fréquenter.

FOI

La foi est un élément qui vous correspond, ou pas du tout. Ce qui parfaitement normal, dans les deux cas. Il faut cependant songer aux convictions religieuses que vous souhaiteriez pour l'homme parfait. Si vous n'êtes pas sur la même longueur d'onde à ce niveau, cela peut s'avérer difficile dans le futur. Donc, même si vous ne vous souciez peut-être pas de ce genre de choses maintenant, il est probablement préférable d'y songer sans trop tarder.

Si votre foi est forte, quelle que soit votre croyance ou votre religion, vous rechercherez peut-être quelqu'un qui la partage. Si vous ne partagez pas les mêmes croyances, il peut être difficile d'avoir un partenaire avec qui parler de ces sujets importants. En outre, il vaut mieux éviter une source de discorde avec votre partenaire, qu'il s'agisse d'aller à l'église, de baptiser un enfant ou même des évènements religieux à célébrer.

. . .

Vous pouvez vouloir que votre homme parfait soit non croyant. Vous pouvez vouloir que votre homme parfait aille à l'église tous les dimanches. Cela peut reposer en partie sur ce que vous avez vécu dans le passé. Soyez honnête à propos de l'importance qu'a votre foi afin de pouvoir en faire ou non une priorité dans votre prochaine relation.

OBJECTIFS DE VIE

Quand vous fermez les yeux, vous pouvez visualiser l'avenir que vous souhaitez. Cela inclut tout depuis l'âge où vous voulez vous marier au nombre d'enfants que vous voulez (le cas échéant). Même s'il ne s'agit qu'un aperçu de votre vie parfaite, il est judicieux de se fixer des objectifs afin de savoir ce que voulez si vous aviez carte blanche du début à la fin.

Pour accompagner votre vie parfaite, il faut regarder les objectifs de vie de votre homme parfait. Quel âge aura-t-il ? Combien d'enfants voudra-t-il ? Quel type de métier exercera-t-il ? Tous ces éléments peuvent être utilisés pour façonner votre homme idéal. Votre homme parfait ne correspondra pas à chacun de ces éléments dans la vraie vie, mais il est judicieux de les identifier afin de savoir si les candidats potentiels s'en rapprochent.

PERSONNALITÉ

Quel type de personnalité votre homme idéal aura-t-il ? Qu'il s'agisse de son comportement lors d'une soirée avec vous ou au travail, songez aux traits de caractère que vous aimeriez trouver chez lui. Sera-t-il autoritaire et dominant ou amical et détendu ?

. . .

Selon les psychologues, cinq traits de caractère majeurs composent la personnalité d'une personne :

- Ouverture
- Conscience et diligence
- Extraversion
- Agréabilité
- Névrose

Toutes sortes d'expériences passées peuvent avoir contribué à la création de sa personnalité actuelle. Généralement, il s'agit simplement de qui il est. Vous ne pourrez pas changer grand-chose de sa personnalité, alors il est préférable de déterminer ce que vous voulez en termes de personnalité et de comportement général avant de vous lancer dans une relation.

Quand il s'agit d'ouverture, certaines personnes peuvent avoir des centres d'intérêt étriqués et être très terre à terre. D'autres peuvent être plus fantaisistes et être considérés comme non conventionnels. Vous devez décider si vous cherchez quelqu'un qui veut être confronté ou non à d'autres modèles et intérêts moraux.

En ce qui concerne la conscience et la diligence, certaines personnes seront plus spontanées et auront tendance à être plus détendues et insouciantes. D'autres sont organisées, auto-disciplinées et ne seront jamais en retard pour un rendez-vous. Vous devez décider si vous cherchez quelqu'un de spontané ou quelqu'un d'extrêmement pragmatique.

. . .

L'extraversion fait référence à la personnalité introvertie ou extravertie de quelqu'un. Certaines personnes préfèrent passer une soirée au calme tandis que d'autres ont tendance à être des boute-en-train où qu'elles aillent. Ici, les opposés peuvent s'attirer. Ce n'est pas parce que vous êtes introvertie que vous devez nécessairement choisir un autre introverti. Si vous êtes extravertie, il se peut que vous ayez envie de choisir un introverti pour établir un meilleur équilibre de vie. Tout se résume à déterminer si vous cherchez quelqu'un qui préfère une soirée au calme ou quelqu'un qui préfère une soirée en ville.

L'agréabilité est un autre aspect de la personnalité sur lequel il vous faut vous pencher. Certains hommes affirment leurs propres opinions avec assurance tandis que d'autres partageront rapidement l'avis des autres. Ceux qui sont moins susceptibles de partager l'avis des autres peuvent être vus comme manipulateurs ou grossiers. De la même façon, ceux qui se rangent rapidement à l'avis des autres peuvent être vus comme crédules et simplement moins rancuniers. Vous voulez peut-être quelqu'un de plus agréable ou vous êtes peut-être prête à accepter quelqu'un qui a de fortes convictions concernant différents aspects de sa vie.

Enfin, vous devez analyser le névrotisme. Il est probable qu'il soit le miroir du vôtre, bien qu'il puisse être plus facile si la personne est le contraire de vous, créant ainsi un meilleur équilibre entre les différents scénarios. Certaines personnes resteront calmes et ne montreront pas d'émotions parce qu'elles se sentent bien dans de nombreuses situations. D'autres angoisseront en permanence pour des petites choses et pourront même se sentir incapables de faire face à certaines situations. Bien que certains scénarios puissent s'avérer être un peu inquiétants, vous ne voulez pas non plus vous retrouver dans une situation où vous vous sentez constamment en insécurité. Vous devez choisir quel genre de trait de personnalité vous préférez chez un homme. Préférez-vous un homme qui se soucie des petites choses ou un homme qui prend chacune de ses décisions avec assurance ?

Il existe des extrêmes dans chacun de ces traits de caractère. Certaines personnes peuvent être très névrosées tandis que d'autres seront très peu extraverties. La plupart du temps, il vaut mieux éviter les personnes qui se trouvent à un bout ou l'autre de la chaîne, parce qu'il est plus difficile de bien s'entendre avec elles.

Rappelez-vous qu'il ne s'agit pas uniquement de sa personnalité. Même si vous pensez réellement préférer une personnalité spécifique, il faut qu'elle s'équilibre avec la vôtre. Si sa personnalité s'oppose à la vôtre, vous pourriez avoir du mal à vous entendre. Cela est encore plus valable pour les relations romantiques ou les personnalités doivent bien s'équilibrer.

AUTRES TRAITS IMPORTANTS

Le bonheur ne viendra pas grâce à un homme tout droit sorti d'un film hollywoodien. Il y a beaucoup de facteurs qui rentrent en jeu pour créer l'homme parfait. Rappelez-vous que vous cherchez le dénominateur commun « pour la vie ».

Voici quelques qualités que vous devriez ajouter à votre liste :

- Il est poli
- Il est honnête
- Il est respectueux
- Il est mature
- Il est positif
- Il a de l'assurance

Vous prenez peut-être certains de ces traits comme argent comptant, mais tous les hommes ne possèdent pas ces qualités. Si vous les retirez de la liste des qualités que doit avoir votre homme idéal, vous oublierez peut-être de vérifier qu'il les a bien.

Malheureusement, il y a des hommes qui ne sont pas polis. Même si vous ne cherchez pas nécessairement un homme qui vous tiendra chaque fois la porte et qui vous dira « s'il vous plait » et « merci » à chaque occasion, il est préférable de veiller à ce qu'il se souciera de vos besoins.

L'honnêteté est également importante. Mieux vaut éviter de commencer une relation où l'on vous mentira régulièrement. Si vous êtes avec quelqu'un de malhonnête, il ne vous traitera pas avec le respect que vous méritez.

En ce qui concerne le respect, regardez comment il traite ses collègues et ses grands-parents. Fermez les yeux et pensez au type de relation que vous aimeriez qu'il ait avec sa famille. Vous en saurez alors assez sur le respect qu'il a pour ceux qui l'entourent.

En ce qui concerne la maturité, c'est un élément essentiel. Cela ne veut pas dire qu'il ne peut pas avoir le sens de l'humour ou qu'il ne sait pas se lâcher. Néanmoins, vous voulez être sûre d'entretenir une relation avec un homme et non un garçon.

Quelqu'un de positif amènera de la positivité dans votre vie. Vous venez de rompre avec quelqu'un à cause de ce qu'il vous faisait ressentir, la dernière chose à faire est de réinjecter plus de négativité dans votre vie.

Finalement, vous voulez quelqu'un qui ait confiance en lui. Il ne faut pas qu'il soit narcissique, mais il doit être à l'aise avec lui-même. Vous devez vous aimer avant d'aimer quelqu'un d'autre. Ainsi, vous devez trouver quelqu'un qui sait s'aimer lui-même avant de pouvoir vous aimer. Une touche de confiance en soi peut être très sexy, alors cela devrait sans aucun doute faire partie de votre liste de qualités essentielles.

Bien sûr, vous pouvez rechercher d'autres qualités. Vous recherchez peut-être l'intelligence, un sens affuté du commerce, un sens de l'humour ou quelque chose d'autre. Ajoutez-le à votre liste. Après tout, si vous voyez les choses en grand, vous finirez peut-être par obtenir tout ce dont vous aviez rêvé. Comme le dit Oscar Wilde : « Il faut toujours viser la lune, car même en cas d'échec, on atterrit dans les étoiles. »

MANTRAS POUR VOUS AIDER DANS VOTRE QUÊTE DE L'HOMME IDÉAL

Vous devez vous dire que vous avez le droit d'avoir le genre d'homme que vous voulez. Vous ne pouvez pas vous libérer de votre passé si vous n'avez pas d'espoir pour l'avenir. Vous pouvez réciter quelques mantras dans votre tête ou à voix haute pour vous convaincre qu'un homme qui vous convient et qui remplit les critères les plus importants existe bel et bien.

- Je mérite d'avoir l'homme de mes rêves
- Me contenter de moins n'est pas une option
- Mes relations doivent m'apporter du soutien et non m'abattre
- Je n'ai pas besoin d'une relation, j'en veux une
- Un homme bon qui me convient existe

Il n'y a pas de date limite pour trouver un homme. Et vous n'avez pas d'obligation d'être en couple non plus. Quand vous êtes prête à rencontrer des hommes, sachez ce que vous voulez. Et, en attendant, récitez les mantras afin de vous souvenir de ce que vous méritez.

7

SE RENDRE COMPTE QUE L'HOMME PARFAIT N'EXISTE PAS

Le chapitre précédent était une méthode excellente pour déterminer ce que vous vouliez chez un homme. Maintenant, vous devez accepter le fait que la perfection n'existe pas. Vous devez établir certaines attentes en termes de ce que vous recherchez chez un homme. Cependant, il n'est pas réaliste de s'attendre à ce qu'un homme coche toutes les cases. Cela serait injuste pour vous et pour lui.

Toute relation que vous commencez doit être équilibrée. De la même façon que vous ne voulez pas changer pour un homme, un homme ne veut pas changer pour vous. Il doit vous accepter telle que vous êtes et vous devez l'accepter tel qu'il est.

Il est important de vous rappeler que vous n'avez pas à être dans une relation qui ne vous rend pas heureuse. Vous ne trouverez jamais la perfection. Mais s'il ne remplit aucune case ou pas les plus importantes, il vaut mieux ne pas s'éterniser dans cette relation. Fréquenter quelqu'un signifie apprendre à le connaître.

Si, au bout d'un moment, vous avez passé assez de temps avec lui pour savoir qu'il ne correspond pas à ce que vous recherchez dans une relation à vie, vous pouvez décider de passer à autre chose.

Plus vous restez dans une relation qui ne vous convient pas, plus il sera difficile d'en sortir. La raison est que vous vous sentirez de plus en plus à l'aise avec cette personne. Vous l'aurez invitée dans chaque aspect de votre vie. Sans même vous en rendre compte, elle deviendra une part complexe de votre personne et de vos journées. Puis, quand vous déciderez de rompre, vous aurez l'impression d'avoir un grand vide dans votre vie. L'objectif est d'empêcher cela en identifiant au préalable ce qui vous convient.

Maintenant que vous avez pris le temps de définir votre conception de l'homme parfait, vous pouvez vous en approcher. Une fois que vous avez déterminé les éléments sur lesquels vous n'êtes pas prête à faire de compromis, comme la foi, la personnalité et d'autres traits émotionnels, vous pouvez cibler ces aspects quand vous commencez à fréquenter des hommes. Si vous fréquentez un homme qui ne partage pas votre foi ou qui n'est pas aussi ambitieux que vous le souhaiteriez, passez à autre chose.

Un rendez-vous n'est pas un engagement. C'est simplement une façon d'apprendre à connaître quelqu'un. Vous ne pouvez pas vous attendre à aller à un seul rendez-vous et trouver l'homme parfait. Le monde ne fonctionne pas ainsi. Si vous prévoyez de le façonner selon vos préférences, tout ce que cela vous apportera, c'est d'être déçue. Il est préférable de cerner quelques aspects lors des rencontres afin de voir si vous parvenez à obtenir ce que vous voulez.

Se replonger dans ce monde des rencontres peut être un peu effrayant. En sachant mieux ce que vous voulez et en sachant que la perfection n'existe pas, cela peut vous aider à fixer vos attentes à un niveau plus réaliste.

En tous les cas, vous ne pouvez pas forcer une relation. Même si quelqu'un peut sembler être l'homme idéal pour vous, il peut ne pas avoir la personnalité que vous désirez ou l'affinité entre vous peut ne pas être idéale. Parfois aussi, les sentiments sont unilatéraux. C'est pourquoi l'homme parfait n'existe pas. Toutefois, il y a beaucoup d'hommes qui sont parfaitement compatibles avec vous et votre mode de vie.

Maintenant, il existe plusieurs façons de déterminer si un homme est assez bon pour vous et s'il mérite que vous poursuiviez cette relation. N'ayez jamais l'impression d'être obligée de vous précipiter immédiatement dans une relation stable. Vous pouvez faire le deuil de votre relation passée pendant un moment. Toutefois, une fois que vous aurez passé toutes les étapes et que votre ex sera enfin hors de votre vie, de votre cœur et de votre esprit, il faudra vous concentrer sur l'avenir.

REGARDEZ COMMENT IL VOUS TRAITE ET COMMENT IL TRAITE LES AUTRES

Vous pouvez en apprendre beaucoup sur une personne en fonction de la façon dont il vous traite et traite ceux qui l'entourent. Même avant d'organiser un rendez-vous avec quelqu'un, vous pouvez l'observer en silence pendant un moment. Si l'un de vos collègues vous intéresse, par exemple, observez attentivement comment il traite les personnes qui sont ses supérieurs et ceux et celles qui lui rapportent. Vous pourrez déjà déterminer certains traits de sa personnalité avant même de commencer une quelconque relation. Si ce que vous voyez ne vous plaît pas, prévoir un rendez-vous ne changera rien à cela.

La compassion est facilement identifiable. Si vous observez qu'un homme traite les personnes qui l'entourent avec peu de considération, vous pouvez en déduire qu'il n'a pas la compassion qui en ferait un bon partenaire. Même les personnes dans des positions inférieures devraient être traitées avec respect. Si vous le voyez sans cesse ignorer les personnes qui l'entourent, leur parler avec condescendance ou même leur demander de faire plus que ce qu'ils devraient, vous en savez déjà beaucoup sur sa personnalité.

Certaines personnes peuvent « voir » la compassion chez les gens plus facilement que d'autres. On associe souvent ce fait à l'instinct ou à l'intuition féminine. Si vous identifiez une personne comme étant gentille et digne de confiance, vous devriez faire confiance à votre instinct. C'est parce que vous voyez sa compassion dans les interactions quotidiennes qu'elle a avec ses pairs.

La personne que vous observez en silence peut être n'importe où. Il peut s'agir d'un collègue, de quelqu'un assis à un bar, ou même du serveur de votre café préféré. Il n'y a rien de mal à observer une personne avec une fascination silencieuse pendant un moment. S'il se rend compte que vous l'observez, souriez, tout simplement. Vous enverrez des ondes positives qui indiquent votre intérêt. S'il est également intéressé, il pourrait se rapprocher pour initier une conversation.

Une fois que vous aurez mené à bien certaines de vos observations discrètes, vous voudrez peut-être faire confiance à votre instinct et dire "oui" si vous avez l'occasion de sortir avec une personne. Pendant le rendez-vous, vous pouvez vous en servir comme d'un test pour apprendre à le connaître. Si l'expérience est positive, vous pourrez prévoir un nouveau rendez-vous. Sinon, rien ne vous empêche de vous en arrêter là après le premier rendez-vous, si le résultat de vos observations est négatif.

Fait-il un effort ?

Quand vous faites attention à la façon dont il vous traite et ceux autour de lui, fait-il un effort ? C'est une question à laquelle il est facile de répondre. S'il n'organise pas le rendez-vous, il ne cherche peut-être pas à faire une très bonne première impression. Il vaut mieux éviter d'entretenir une quelconque relation avec une personne malpolie, négligente ou qui ne vous donne pas l'impression d'être désirée. Il devrait vous donner l'impression que vous êtes une priorité, quelles que soient les circonstances. S'il oublie votre rendez-vous ou s'il adopte une attitude nonchalante du genre « Je ne sais pas, qu'est-ce que tu veux faire » tout le temps, vous pouvez en déduire qu'il ne fait pas assez d'efforts pour vous.

Observez également les efforts qu'il fait dans le reste de sa vie. Excelle-t-il au travail ? Entretient-il une bonne relation avec sa famille ? S'il ne fait aucun effort nulle part, il est préférable de ne pas s'attendre à ce qu'il apprenne à en faire. Vous n'avez pas à commencer une relation avec un « chantier en construction ». C'est ici qu'il est essentiel de savoir ce que vous voulez et de ne pas accepter moins que ce que vous méritez.

Vous envoie-t-il des signaux positifs ?

La personne avec qui vous voulez être, doit vous prouver qu'elle est intéressée. S'il passe plus de temps sur son téléphone qu'à vous parler, ou s'il ne cherche pas vous tenir la main quand vous marchez en ville, il est peut-être temps de vous interroger sur ses motivations réelles. Observez également son langage corporel. Se passe-t-il la langue sur les lèvres quand il est près de vous ? Se penche-t-il vers vous et vous sourit-il souvent ? S'il ne fait pas tout ça, il n'est peut-être pas intéressé.

En ce qui concerne les autres personnes de sa vie, regardez s'il est activement impliqué. S'il semble être désintéressé de tous les aspects de sa vie sociale, il n'est peut-être pas prêt pour un quelconque engagement. Vous pourriez risquer une peine de cœur en ignorant les signaux.

Montre-t-il de la reconnaissance ?

« Merci » est un mot essentiel. Qu'il vous le dise quand vous faites quelque chose de gentil pour lui, ou qu'il le dise au serveur qui lui dépose son plat, soyez à l'affut de ce petit mot. S'il n'apprécie pas ces petits gestes maintenant, vous n'aurez peut-être pas envie d'avoir des gestes attentionnés envers lui à l'avenir. Les gestes attentionnés s'accumulent au fil du temps. En observant qu'il montre de la reconnaissance, vous pouvez vous attendre à un avenir rempli de respect, d'amour et de bonheur.

La reconnaissance se reconnait aussi de plein d'autres manières que par un « merci ». Vous rend-t-il la pareille pour les petites attentions que vous lui apportez ? Si vous cuisinez, est-ce qu'il fait la vaisselle ? Mieux vaut éviter une situation dans laquelle il prend toujours ce que vous lui donnez (et ce que les autres lui donnent) pour argent comptant, car vous pourriez développer de la rancœur dans l'avenir.

Identifie-t-il les émotions ?

Si vous êtes contrariée, il doit être capable de le ressentir. Si vous êtes heureuse, il devrait être prêt à célébrer avec vous. Bien que les hommes ne ressentent pas toujours chaque émotion, ils devraient être capable de détecter les émotions plus évidentes. Surtout si vous arrivez à un rendez-vous un peu déprimée, il devrait être capable de vous demander ce qui ne va pas et essayer de vous remonter le moral.

Il doit aussi être conscient de l'effet qu'il peut avoir sur les émotions des autres. S'il insulte quelqu'un, il doit se rendre compte de l'effet que cela peut avoir et s'excuser. S'il contrarie quelqu'un, le met en colère ou dans n'importe quel autre état émotionnel, il doit en être conscient. Sinon, vous courrez le risque d'être dans une relation avec quelqu'un qui ne se rend pas du tout compte de l'effet qu'il peut avoir sur les autres. En outre, vous n'aurez pas le soutien émotionnel dont vous avez besoin pour avoir une relation saine et équilibrée.

Quand vous voyez comment un homme vous traite et traite les autres personnes de sa vie, vous en saurez plus sur lui que n'importe quelle liste pourrait vous apprendre. Bien que la liste soit utile, vous devez faire attention à ses actes afin de déterminer qui il est réellement.

FAITES ATTENTION AUX SIGNES COMPORTEMENTAUX

Un homme avec qui vous commencez une relation peut cocher toutes vos cases parce que vous partagez la même foi, les mêmes objectifs professionnels et bien plus encore. Toutefois, il est important de se rappeler qu'aucun homme n'est parfait. L'une des meilleures façons de déterminer si un homme est capable d'être dans une relation stable et aimante est d'observer les signes comportementaux.

De nombreuses femmes ignorent ces comportements parce qu'elles préfèreraient être en couple plutôt qu'être célibataires. C'est dangereux. Il y a des signes comportementaux révélateurs d'une relation malsaine dont vous devez vous méfier et l'éviter à tout prix. Si ces signes commencent à se manifester, c'est un avertissement et il faut se distancer de la personne aussi loin que possible. Sinon, vous serez coincée dans une relation toxique dont il est difficile de sortir.

- Trop dépendant
- Trop indépendant

- Peu enclin à faire des sacrifices
- Incapable de communiquer
- Encourage les inégalités

Chacun de ces comportements mérite un peu plus d'attention afin que vous puissiez identifier tous les signaux d'avertissement lors de vos premiers rendez-vous avec un homme.

Trop dépendant

Même si vous vous considérez comme une personne assez protectrice, il vaut mieux ne pas vous mettre dans une situation où votre relation vous étouffe. Vous ne voulez pas être sa mère, mais sa partenaire. L'équilibre est essentiel et la personne avec qui vous partagez votre vie ne doit pas et ne devrait pas être totalement dépendante de vous. Elle doit respecter le fait que vous puissiez faire des choses de votre côté. Elle doit aussi respecter votre besoin d'avoir du temps pour vous. Dépendre financièrement de vous, surtout en début de relation, est également un signal d'avertissement auquel vous devriez faire attention.

Trop indépendant

Nombreux sont les moments dans une relation où un compromis est nécessaire. L'un des points non-établis par notre liste sur l'homme parfait est sa capacité à faire des compromis. Mieux vaut éviter une relation avec quelqu'un dont la valeur fondamentale est l'intransigeance. S'il veut faire quelque chose sans vous inviter, laissez-le s'amuser. Si c'est quelque chose qu'il fait tout le temps sans vous consulter, toutefois, il est peut-être temps d'avoir une petite discussion. Une trop grande indépendance peut mener à des problèmes où vous n'avez pas le même droit de regard sur ce qui se passe.

Peu enclin à faire des sacrifices

Faire des sacrifices veut dire qu'il n'est pas possible de conserver toutes ses habitudes quand on est dans une relation sérieuse. Vous ne pouvez pas vivre une vie de célibataire dans une relation de couple. Il faut être prêt à sacrifier certaines choses. S'il n'est jamais disposé à sacrifier une soirée avec ses amis pour une soirée en amoureux, il faut vous demander s'il veut vraiment être en couple avec vous. Il ne faut pas que vous soyez seule à faire des sacrifices pour que cette relation tienne le coup. C'est à ce moment-là que les choses deviennent déséquilibrées. Toute bonne relation implique que les deux côtés fassent des sacrifices, en ce qui concerne leurs préférences et désirs, pour que les deux soient heureux.

Incapable de communiquer

La communication est une composante clé de toute relation saine. Malheureusement, même si l'homme est parfait sur papier, la communication peut avoir du mal à se faire. Il s'agit peut-être de refuser de partager ses sentiments avec vous ou d'une simple incapacité à le faire. Une communication adéquate suppose d'être capable de communiquer des comportements, des préférences et plus encore. Si les contrariétés ne sont pas exprimées et finissent par causer une dispute houleuse, cela mettra la relation à rude épreuve. Si vous vous battez constamment pour avoir une conversation calme et retenue sur divers points, cela peut être une indication que vous n'êtes pas faits l'un pour l'autre.

. . .

Encourage les inégalités

Il a peut-être été éduqué d'une certaine façon, au travers de stéréotypes d'une autre époque sur les responsabilités respectives des hommes et des femmes. Les temps ont changé et sa façon de penser doit changer. S'il encourage implicitement ou explicitement les inégalités de quelque façon que ce soit, c'est un signe comportemental qui pourrait donner lieu à une relation sur le long-terme malsaine.

Vous commencerez peut-être à connaître son point de vue sur l'inégalité que lorsque vous commencerez à parler de l'avenir, comme avoir des enfants, cuisiner, faire le ménage et accomplir diverses tâches ménagères. Vous le remarquerez peut-être aussi au lit, ou l'homme vieux-jeu est celui qui prend l'initiative du sexe, la femme celle qui se plaint ou s'y conforme et ou l'homme est le seul à recevoir du plaisir.

Quelle que soit la façon dont vous percevez l'inégalité, vous devez identifier cette tendance le plus tôt possible afin de veiller à ne pas vous retrouver dans une relation malsaine. Il s'agit d'un de ces cas où quelqu'un peut cocher toutes les cases au départ. Cependant, vous devez vous rappeler qu'un homme parfait n'existe pas et que vous méritez d'être dans une relation saine en tout temps.

En étant capable de détecter ces signes annonciateurs de problèmes, vous pouvez vous éviter beaucoup de peines de cœur. Rappelez vous que fréquenter quelqu'un est censé représenter une période d'essai qui précède (ou pas) une relation à long terme. Si vous ignorez les signes comportementaux problématiques trop longtemps, vous pouvez finir dans une relation à long-terme avec quelqu'un que vous n'appréciez même pas.

SOYEZ HONNÊTE SUR CE QU'IL VOUS FAIT RESSENTIR

Il y a aussi un autre aspect de l'homme parfait qu'on ne peut pas coucher sur papier. Bien que vous ayez peut-être touché le gros lot avec un homme attirant qui a le sens de l'humour et un travail stable, vous devez vous intéresser à ce qu'il vous fait ressentir. Il ne faut jamais ignorer ce que votre corps et votre esprit vous disent et respecter uniquement la liste de cases à cocher. Vos amis et votre famille ne peuvent pas vous dire ce que vous ressentez avec lui.

Vous donne-t-il l'impression d'être une priorité dans sa vie ?
Avez-vous l'estomac noué quand il est près de vous ?
Vous sentez-vous sûre de vous quand vous êtes à ses côtés ?
Ressentez-vous de l'excitation à l'idée de le voir ?
Envisagez-vous avec optimisme un avenir ensemble ?

Personne ne peut vous dire ce que vous ressentez quand vous êtes avec lui, sauf vous. Tout cela se résume aux bases fondamentales de l'affinité. Soit, vous ressentez quelque chose pour quelqu'un, soit ce n'est pas le cas. Si vous n'avez pas l'estomac noué à chaque fois que vous êtes près de lui, passer plus de temps avec lui ne fera pas surgir ce sentiment.

Il pourrait faire certaines choses différemment ou vous pourriez en discuter afin de donner un petit coup de pouce à vos sentiments. Mais au final, tout cela se résume à l'alchimie entre deux personnes. Si vous n'envisagez pas avec optimisme un avenir ensemble, il n'y a pas de raison de rester dans cette relation parce que passer plus de temps avec lui n'engendrera pas ce sentiment d'espoir.

Il peut être intéressant de tester l'alchimie entre vous deux en remarquant quelques signes. Vous pouvez remarquer que son langage corporel change quand il est avec vous, s'il se penche vers vous ou s'il pose sa main sur vous, par exemple. Il vous taquine peut-être sur des sujets sur lesquels il ne taquinerait personne d'autre. Le contact visuel entre vous deux peut aussi être très intense. Vous pouvez tous les deux remarquer des petites choses sur l'autre et la conversation peut être plus fluide, ce qui vous fait perdre la notion du temps.

Une tension palpable est une autre façon de tester l'alchimie. L'attirance physique et le désir sont des indicateurs significatifs d'atomes crochus. Si vous trouvez que l'air se rarifie entre vous deux, c'est à cause de la tension palpable. Toutefois, il ne faut pas que ce désir et cette tension sexuelle constituent la seule base de votre relation. Cela ne suffit pas. Il faut vous assurer que la relation vous comble à tous les niveaux : corps, esprit et âme.

Vous devez donc être honnête à propos de ce qu'il vous fait ressentir. Si vous attendez avec impatience chaque rencontre, c'est un bon signe. Si vous êtes troublée ou nerveuse quand vous êtes à ses côtés, d'une façon positive, vous pouvez en conclure qu'il vous fait vraiment de l'effet. L'affinité n'est néanmoins pas toujours bilatérale. C'est pourquoi vous devez rechercher les signes qui indiquent qu'il ressent également cette alchimie, y compris sa capacité à remarquer les petites choses, à sourire constamment, et même à flirter de façon subtile. S'il vous envoie tous ces petits signaux et que vous envoyez les mêmes, cela peut mener à une relation heureuse, saine et véritablement durable.

MANTRAS POUR VOUS AIDER DANS VOTRE QUÊTE DE L'HOMME RÉEL

Quand vous commencez à voir les hommes pour ce qu'ils sont réellement, vous êtes prête à décider si vous voulez commencer une relation avec eux. Il existe quelques mantras que vous pouvez réciter dans votre tête ou à voix haute afin de vous rappeler qu'il n'existe pas d'homme parfait.

- Je mérite d'être heureuse dans une relation
- Les hommes ne sont pas parfaits et je ne peux pas les changer
- Je mérite d'aimer et d'être aimée
- Pas d'affinité, pas de bonheur
- Fréquenter quelqu'un permet simplement de le connaître

Ces rappels quotidiens peuvent également vous servir alors que vous commencez à fréquenter plusieurs personnes. Ne vous précipitez pas dans une relation à long terme tant que vous ne le connaissez pas un peu mieux.

8

ÊTRE HEUREUSE AVEC CE QUE VOUS VOYEZ DANS LE MIROIR

Quand vous regardez dans le miroir, aimez-vous ce que vous y voyez ? Il ne s'agit pas uniquement de votre apparence, même si vous devriez également l'apprécier. Il s'agit d'être honnête avec vous-même à propos de qui vous êtes et de qui vous êtes devenue.

Si vous n'êtes pas à l'aise dans votre peau, vous ne penserez pas mériter un homme bon. La bonne nouvelle est qu'il y a plein de choses que vous pouvez faire pour être plus heureuse avec qui vous êtes, avec ce que vous ressentez et même avec ce à quoi vous ressemblez.

Il est essentiel d'être honnête concernant vos défauts. Vous êtes peut-être très consciente d'eux. Sinon, c'est l'occasion de demander de l'aide à votre groupe de soutien pour qu'il vous indique vos plus gros défauts afin que vous puissiez y travailler. Vous êtes peut-être toujours en retard. Vous remettez peut-être toujours tout au lendemain. Quels qu'ils soient, il vaut mieux les connaitre pour pouvoir être claire et honnête à leurs sujets. Il est possible de travailler sur certains défauts mais d'autres doivent simplement être assumés.

Au fur et à mesure que vous vous sentirez plus à l'aise avec qui vous êtes et ce qui se reflète dans le miroir, votre confiance en vous augmentera. Vous aurez alors moins de difficultés à dire « non », quand vous rencontrerez un homme qui ne convient pas à vos attentes. Les femmes qui manquent d'assurance sont plus susceptibles de s'engager dans de mauvaises relations parce qu'elles ne veulent pas être seules.

Il y a plein d'opportunités. Vous pouvez choisir quand et qui vous allez fréquentez. Ne vous sous-estimez pas en portant votre choix sur le premier homme qui vous montre de l'intérêt. Si vous ne ressentez pas d'affinité et qu'il ne remplit pas les bonnes cases, vous pouvez dire « Non, merci ». La majorité des hommes préfèrent que vous soyez honnêtes au lieu de leur donner de faux espoirs.

SOYEZ LA MEILLEURE VERSION DE VOUS-MÊME

Les erreurs se commettent, et c'est normal. Mettez toutes ces erreurs derrière vous afin d'être la meilleure version de vous-même. Vous devriez vous concentrer sur vous et vous améliorer tous les jours et dans différents aspects de votre vie.

C'est plus facile à dire qu'à faire. À un moment donné, vous devez être honnête au sujet de certaines de vos mauvaises habitudes et les assumer. Si vous avez de la haine dans votre cœur, cela vous empêchera d'avancer de façon positive. Cela veut aussi dire que vous avez aussi laissé votre ex vous façonner en quelqu'un que vous ne voulez pas être. Vous lui avez permis de gagner. Vous valez mieux que cela.

Il est préférable d'apprendre à pardonner. Si vous gardez de la rancœur, que ce soit envers votre ex ou quelqu'un d'autre dans votre vie, pardonnez et oubliez. Apprenez de la souffrance que vous avez endurée et soyez reconnaissante pour ces enseignements qui vous ont été donnés. Ne conceptualisez pas le pardon comme une moyen pour quelqu'un de se tirer d'affaire. Faites-le pour de ne pas vivre dans le négatif. Sinon, ces personnes continueront à hanter vos pensées.

Ne trouvez pas d'excuses pour certains comportements. C'est facile de tenir quelqu'un d'autre responsable pour ce que vous avez fait, mais vous n'en sortirez pas gagnante. Si vous n'êtes pas heureuse, vous devez vous rappeler que vous contrôlez ce que vous ressentez. Personne d'autre que vous ne peut vous faire ressentir quoi que ce soit parce que vous avez le pouvoir de rayer les personnes négatives de votre vie. Assumez vos erreurs, que ce soit dans votre vie personnelle ou professionnelle afin de devenir une meilleure personne.

La politesse ne demande pas plus d'énergie. Des mots comme « s'il vous plait » et « merci » ont beaucoup de pouvoir. En outre, les personnes qui vous entourent apprécieront que vous montriez votre reconnaissance. Des gestes simples de gentillesse ont le potentiel de changer la journée de quelqu'un. Si quelqu'un est grossier avec vous, souriez. Ne vous rabaissez pas à leur niveau en permettant à la haine de rentrer dans votre cœur. Ne laissez pas le mauvais comportement de quelqu'un déterminer votre propre comportement. Vous valez mieux que cela.

Sensibilisez-vous à des choses que vous ne connaissez pas. C'est une bonne idée de connaître le fonctionnement des différentes cultures afin d'y être plus attentif lorsqu'elles se présentent. Vous pouvez vous retrouver au beau milieu d'un débat politique, d'une conversation sur la culture mondiale ou à un tout autre sujet, alors tenez-vous informée. Vous vous sentirez plus confiante quand vous pourrez défendre vos arguments dans une conversation.

Il existe plein de façons différentes d'être la meilleure version de vous-même. Ne laissez donc personne vous dicter ce que vous devez être. Vous tenez les rênes de votre vie, vous êtes la seule à même de décider qui vous voulez être. Si vous êtes un « chantier en construction », acceptez-le. Avec un peu d'effort, vous pouvez devenir ce que vous voulez être.

APPRENEZ À ACQUÉRIR VOTRE CONFIANCE EN VOUS

Avant de pouvoir acquérir de la confiance en soi, il peut être judicieux de faire un petit bilan sur soi-même. Quels sont les signes qui montrent aujourd'hui que vous avez confiance en vous ?

- Vous tenez-vous droite ?
- Vos habits sont-ils synonymes de réussite ?
- Acceptez-vous les compliments ?

- Célébrez-vous les victoires des autres au lieu d'être jalouse ?
- Cherchez-vous un feedback ?
- Dites-vous ce que vous pensez ?
- Vous entourez-vous de personnes positives ?

Si vous avez répondu par la négative à l'une de ces questions, il est peut-être temps d'acquérir un peu de confiance en vous. Cela n'arrivera pas du jour au lendemain. Au lieu de cela, vous devez consacrer un peu de temps à chaque point afin de pouvoir développer lentement votre confiance en vous. Au fur et à mesure, vous remarquerez peut-être que d'autres personnes vous remarquent.

Travaillez un peu sur votre posture afin de montrer que vous êtes fière de vous-même. Prenez-vous en photo pour voir à quel point vous vous tenez mal. C'est peut-être l'occasion d'aller tester un cours de yoga ou de rendre visite à l'ostéopathe pour avoir un peu d'aide dans ce domaine.

Habillez-vous de façon à vous donner l'impression que vous pouvez vous attaquer au monde entier. Quand vous choisissez vos vêtements en fonction de ce que vous aimeriez ressentir au lieu de ce que vous ressentez vraiment, vous vous rendrez compte que votre attitude s'améliore.

Les compliments sont censés donner du baume au cœur. Ne laissez pas les pensées négatives obscurcir votre capacité à accepter un compliment. Aussi, ne vous sentez pas obligée de faire un compliment en retour. Si c'est votre réflexe naturel, essayez de vous réfréner.

Soyez consciente de votre valeur. Quand vous êtes un membre estimé de votre équipe ou une bonne amie, souvenez-vous-en. Vous arriverez plus facilement à célébrer la réussite de quelqu'un d'autre au lieu vous laisser submerger par des pensées démoralisantes en ce qui concerne votre propre valeur. Soyez fière de ce que vous avez accompli, même si quelqu'un d'autre célèbre une incroyable victoire.

Sollicitez un feedback afin de pouvoir progresser régulièrement. Vous pouvez le faire personnellement et professionnellement. Ne soyez pas la personne qui ne se demande pas comment elle peut s'améliorer parce que vous ne voulez pas entendre la réponse. Avec la connaissance vient le pouvoir. Vous voudrez peut-être vous donner les moyens d'acquérir des connaissances lorsque quelqu'un vous parle d'un sujet sur lequel vous avez besoin d'en apprendre davantage. Vous devriez aussi chercher à changer une habitude, qu'il s'agisse de faire de l'exercice, de devenir plus organisée ou simplement de devenir plus ponctuelle.

Ayez confiance en vous quand vous vous exprimez. Vous devriez chercher à regarder la personne dans les yeux avec laquelle vous parlez. Parlez fort et assurez-vous de garder la tête haute. Il est aussi préférable de parler lentement afin que les gens puissent comprendre tout ce que vous avez à dire. Les personnes qui connaissent leur sujet parleront lentement parce que cela démontre de l'assurance. Si vous l'avez l'habitude de parler vite, essayez de ralentir votre débit.

. . .

Entourez-vous de personnes positives. Vous pouvez agir positivement, mais si toutes les personnes qui vous entourent agissent négativement, cela impactera nécessairement votre confiance en vous. Choisissez soigneusement vos amis pour qu'ils soient aussi gentils et généreux que vous.

Complimentez-vous aussi souvent que possible. Si vous avez belle allure, assumez-le. Exprimez-le devant le miroir pendant que vous vous coiffez ou quand vous sortez de chez vous. Fêtez également vos propres victoires, qu'elles soient petites ou grandes. Cela vous rappellera que vous êtes une personne formidable.

Parfois, il suffit d'un sourire pour booster votre confiance en vous. Vous vous sentirez mieux si vous souriez. Cela peut créer un effet domino et booster aussi ceux qui vous entourent.

Quand vous avez plus de confiance en vous, d'autres domaines de votre vie peuvent également en profiter. Les gens se tourneront vers vous parce qu'ils voudront vous connaître mieux. Dans votre vie personnelle, les hommes vous approcheront plus rapidement. La confiance en soi est sexy, alors vous devriez l'assumer. Dans votre vie professionnelle, vous pourrez obtenir des promotions plus rapidement et avoir plus de clients. On pourra aussi vous demander votre opinion plus souvent lors des réunions.

LE TEMPS D'UN RELOOKING

Quand vous regardez dans le miroir, vous devez aimer ce que vous voyez. Si vous n'aimez pas certains aspects, il peut être temps de faire un relooking. Vous pouvez choisir un relooking léger ou plus intense. Demandez de l'aide à vos ami(e)s. Vous chouchouter et vous donner un nouveau look peut être exactement ce dont vous avez besoin pour aimer ce que vous voyez dans le miroir.

Si vous étiez dans une relation à long terme, changer un peu votre look peut être une méthode très efficace pour vous donner une nouvelle identité. Peut-être aviez-vous un look très spécifique quand vous étiez avec lui parce que c'est ce qu'il aimait. Qu'il s'agisse de la longueur de vos cheveux, de votre coiffure, ou même de porter une certaine couche de maquillage, tout cela peut changer. Vous n'êtes plus avec lui, alors changez votre look pour être bien dans votre peau.

Un relooking n'a pas à être très sophistiqué. Mais, il existe divers stylistes que vous pourriez solliciter si vous voulez l'ultime relooking. Tout dépend de combien d'argent vous voulez dépenser.

Commencez par votre garde-robe.

Il est peut-être temps de changer quelques vêtements de votre garde-robe. Songez aux :

- Combinaisons de couleurs
- Types de chemisiers
- Pantalons versus jupes
- Types de chaussures

Si votre ex était petit, vous avez peut-être volontairement évité les talons. C'est l'occasion de les ressortir. De la même façon, s'il était vraiment très grand, vous vous êtes peut-être obligée à porter des talons pour être à sa hauteur. C'est l'occasion de ressortir la paire de ballerine ou même une paire de tennis colorée.

Faites-vous accompagner par une amie pour faire du shopping. Laissez-la choisir les tenues qui vous mettent en valeur. Rendez l'expérience plus amusante en sollicitant aussi l'aide du personnel de la boutique. Elles choisiront toutes des tenues qui vous vont bien. Peut-être que ces tenues seront-elles hors de votre zone de confort. Si vous vous aimez dedans, alors prenez-les. C'est peut-être le début d'une nouvelle version de vous-même.

Essayez une nouvelle coiffure

Le relooking n'est pas fini ; direction votre coiffeur préféré. Si vous voulez oser quelque chose de nouveau, laissez-le choisir la coiffure qui conviendrait à votre nouveau départ dans la vie. Sinon, amenez quelques photos de coiffures que vous avez trouvées en ligne.

. . .

C'est peut-être l'occasion parfaite de faire une couleur. Vous pouvez teindre tous vos cheveux ou n'ajouter que des mèches. Si vous avez des cheveux bruns, essayez un peu de blond. Si vous êtes blonde, tentez le brun ou le roux. Si vous voulez tenter quelque chose de plus osé, vous pouvez essayer d'ajouter un peu de rose, de violet, de turquoise, ou n'importe quelle autre couleur amusante.

Changez la longueur de vos cheveux et le style global. Essayez quelque chose d'un peu audacieux. Si vous ne pouvez pas vous rappeler de la dernière fois que vous avez fait quelque chose de différent avec vos cheveux, lâchez-vous. Rappelez-vous que les cheveux repoussent. La coupe que vous fera votre styliste vous fera peut-être vous sentir plus légère et plus libre que jamais.

Rafraîchissez votre maquillage.

Vous pouvez changer radicalement votre look en vous maquillant différemment. Il existe des centaines de marques de cosmétiques. Vous connaissez peut-être quelqu'un qui vend du maquillage et qui peut vous montrer de nouvelles techniques. De nouvelles combinaisons de couleurs. Sinon, allez au comptoir maquillage de votre centre commercial. Les professionnelles du maquillage vous montreront tout ce qu'il faut savoir.

Tout commence avec des soins pour la peau. Vous pourriez investir dans un nouveau nettoyant pour vous débarrasser des points noirs et de traiter vos pores dilatés. Ensuite, n'oubliez pas de tester un produit hydratant pour que votre peau soit parfaitement hydratée.

. . .

Le contouring vous montrera comment donner l'impression d'avoir des pommettes plus fines, un nez plus petit et bien plus encore. Cela signifie que si vous n'aimez pas un aspect particulier de votre visage, vous pouvez trouver une façon de détourner l'attention de cette zone problématique au lieu d'avoir recours à de la chirurgie plastique.

Parfois, il suffit simplement d'avoir la bonne teinte de fond de teint. Certaines teintes conviennent mieux à certains types de peau. Du bleu, du vert, du gris, du marron, du rose et d'autres tons peuvent être appliquées autour des yeux pour créer un look plus neutre ou plus spectaculaire. En louant les services d'une esthéticienne, vous pourrez assortir les nuances de tons qui conviennent à votre teint de peau et à la couleur de vos yeux.

Lorsque vous aurez terminé cette étape de votre transformation, vous serez peut-être méconnaissable. Souvent, les personnes qui sont dans des relations sérieuses depuis longtemps commencent à se perdre dans l'autre personne. Si vous ne vous reconnaissez plus, ou si vous ne vous souciez plus de votre apparence, rafraîchir votre maquillage dans le cadre d'un relooking peut être une étape importante pour retrouver votre identité.

Changez les petites choses dans votre monde.

Un relooking ne se limite pas à un changement physique. Cela peut concerner tout un tas de choses qui peuvent vous permettre de développer votre confiance en vous et vous mettre à l'aise dans la vie que vous menez. C'est aussi l'occasion de vous détoxifier de votre ex.

C'est peut-être l'occasion de changer le style de votre chambre à coucher. Achetez une nouvelle couette pour ajouter un peu de fraîcheur et éviter de voir celle que vous partagiez avec lui. Ajoutez des bougies, changez les couleurs, ou même la décoration.

Ajoutez quelques coussins décoratifs sur le canapé. Une idée peut être d'en trouver avec des citations qui vous inspirent. Ils peuvent ainsi vous offrir du réconfort et vous rappeler la personne confiante que vous êtes devenue.

Songez à acheter une nouvelle voiture. Vous avez peut-être choisi la dernière parce qu'il était là et qu'il vous a imposé son choix. Choisissez une couleur qui vous convient et qui vous permettra de conduire avec assurance.

Changez de parfum. Parfois, une nouvelle odeur peut être exactement ce dont vous avez besoin. Surtout si vous achetiez un parfum en particulier parce que c'était celui qu'il affectionnait. C'est l'occasion de dénicher une nouvelle fragrance bien à vous.

Faites du bénévolat dans un lieu agréable. C'est l'occasion d'ajouter un peu de gratitude dans votre vie. Trouvez une soupe populaire, un foyer de sans-abri ou même une bibliothèque locale où vous pouvez faire du bénévolat. Vous pourrez alors aider ceux qui ont moins de chance que vous tout en vous rappelant à quel point vous avez une belle vie. Si vous avez oublié à quel point vous avez de la chance, le bénévolat au sein de communautés à faible revenu peut vous le rappeler.

Changez un peu votre routine. Si vous alliez toujours à la salle de sport avant le travail, songez à y aller après le travail. Essayez un nouveau café au lieu de celui auquel vous alliez toujours. Prenez un chemin différent pour aller au travail. En changeant simplement un peu votre routine, l'impact sur votre ressenti quotidien pourrait être important.

Une fois que vous vous êtes octroyé, à vous et à votre vie, un relooking, il est temps de passer à des choses meilleures et plus importantes. Vous avez confiance en vous pour aller de l'avant, alors il n'y a aucune raison de rester encore attachée à lui. Si votre ex est toujours présent, d'une façon ou d'une autre, vous pouvez vous distancer avec assurance sans avoir peur qu'il vous embobine de nouveau.

Votre métamorphose peut prendre une journée, une semaine ou même un mois. Si vous avez besoin d'un peu de temps pour effectuer les changements que vous voulez, songez à créer une sorte de tableau visuel. Vous pourrez plus facilement visualiser ce que vous voulez. Imprimez des photos de magazines en ligne, ou découpez-les directement dans vos magazines préférés afin de vous souvenir du look que vous voulez avoir. Le tableau visuel fera office de rappel de ce que vous voulez pour l'avenir. Vous serez surprise de voir à quel point il vous permettra de rester concentrée sur vos objectifs.

MANTRAS POUR DÉVELOPPER VOTRE CONFIANCE EN VOUS

Vous avez besoin de toute l'aide que vous pouvez obtenir pour développer votre confiance en vous. En vous motivant, il sera plus facile de vous donner à vous-même la priorité. Les pensées positives vous aideront à réaliser que vous méritez la crème de la crème.

Réciter quelques mantras peut faire une grande différence. Récitez-les à voix haute ou notez-les et affichez-les un peu partout chez vous afin d'avoir des rappels quotidiens.

- Déplace-toi avec assurance en direction de tes rêves
- Prends le contrôle de la personne que tu veux être
- Aime-toi afin de pouvoir être aimée
- J'ai confiance en mes capacités
- Je donne le meilleur de moi-même et c'est suffisant

Une fois que vous commencerez à réciter ces mantras plus souvent, votre confiance en vous montera en flèche. Vous pourrez plus facilement vivre une vie meilleure et connaître votre valeur tous les jours. Vous pouvez aussi changer de mantras toutes les semaines, afin qu'ils correspondent parfaitement à votre progression personnelle.

9

SE DISSOCIER DE SON EX

Vous êtes plus forte désormais. Vous savez que vous n'êtes pas faite pour être avec votre ex. Cependant, si vous voulez réellement passer à autre chose, vous devez vous assurer que votre ex est complètement sorti de votre vie. Selon la durée de votre relation et les raisons qui vous ont amenés à vous mettre ensemble, il tient peut-être une part plus importante dans votre vie que vous ne l'imaginiez. Cela veut dire qu'il vous faudra peut-être faire des efforts pour vous distancer de lui.

Le rayer de votre vie peut s'avérer difficile. Il se peut que vous le voyiez partout où que vous regardiez. Ce n'est pas sain de vous retourner et de le voir apparaître dans chaque aspect de votre vie. Vous ne pouvez pas aller de l'avant s'il fait toujours partie de votre vie. Vous n'avez pas besoin de ce genre de rappel dans votre vie. Bien que vous ayez déjà fait vos adieux, il ne s'agissait alors que de lui faire savoir que vous n'étiez plus ensemble. Maintenant, vous devez vous assurer qu'il ne s'attarde pas là où vous êtes susceptible d'être.

. . .

Bien que développer une simple amitié dans l'avenir ne soit pas exclu, pour l'instant vous devez vous soucier de protéger votre cœur. Vous libérer de l'emprise de votre ex nécessitera quelques efforts. Le jeu en vaut la chandelle toutefois. Cela vous demandera du temps et le soutien de vos ami(e)s, mais vous en ressortirez avec un état d'esprit plus positif. Sinon, sa constante présence autour de vous pourrait vous enfoncer plus profondément dans la dépression.

S'il est constamment dans votre vie, vous pourrez ressentir de la colère en voyant qu'il a tourné la page avec quelqu'un d'autre plus rapidement que vous. Si vous entendez tout ce qu'il fait, vous pourrez faire une rechute et vous rappeler pourquoi vous vous étiez mis ensemble à l'origine. Même si vous pouvez vous rappeler toutes les raisons qui font que vous n'êtes pas faits l'un pour l'autre, vous devez vous éloigner de sa présence physique.

Vous avez déjà fait le plus dur en vous détachant émotionnellement de votre ex. Dès que vous l'aurez physiquement rayé de votre vie, vous pourrez rester émotionnellement détachée une fois pour toutes. Le détachement physique ne sera peut-être pas facile, alors vous devez vous préparer à prendre de dures décisions. Rappelez-vous que vous tenez les rênes de votre vie. Aucun homme ne mérite de vous dicter qui vous êtes et ce que vous ressentez. Prenez le contrôle et détoxifiez-vous de sa présence dans votre vie.

VÉRIFIEZ VOTRE AGENDA QUOTIDIEN

La première chose à faire est d'étudier attentivement votre agenda pour voir comment et quand vous êtes le plus susceptible de le voir. Pensez à votre routine quotidienne pour savoir quand vous êtes le plus susceptible de le voir. Votre routine quotidienne comprend votre temps professionnel autant que votre temps personnel.

Allez-vous dans le même café ?
Travaillez-vous dans le même bâtiment que lui ?
Allez-vous à la même salle de sport ?
Combien d'amis en commun avez-vous ?

Vous devez vous poser ces questions afin d'établir un plan d'action. Plus vous risquez de voir votre ex, plus vous devrez redoubler d'efforts pour l'éloigner de vous. Cela ne sera pas facile. Cependant, vous devez être prête à faire de grands changements si vous voulez complètement guérir.

Vous pouvez commencer en procédant à quelques ajustements dans votre emploi du temps. Au lieu d'aller dans votre café préféré au saut du lit et de risquer d'y croiser votre ex, allez-y quelques minutes plus tard. Ou choisissez carrément un autre café.

Au lieu d'aller toujours à la salle de sport dans l'après-midi, allez-y le matin ou en soirée afin de ne pas avoir à devoir faire la conversation si vous le croisez.

. . .

Faire des ajustements peut être gênant. Mais cette gêne vous permet de rester loin de lui. C'est un sacrifice que vous devez faire afin de ne pas avoir un rappel physique de son existence partout où vous allez.

Plus vous continuerez avec votre nouvelle routine, plus elle sera facile à suivre. Ne voyez pas cela comme une gêne. À la place, voyez-le comme une façon de faire bouger les choses plus rapidement et de vous concentrer sur l'avenir. Vous pourrez même finir par aimer votre nouvelle routine. N'hésitez pas à réorganiser un peu votre vie et à changer vos habitudes afin de vous créer une nouvelle vie. C'est la méthode la plus saine pour guérir, d'autant plus que vous contrôlez tous les détails.

PRENEZ DES DÉCISIONS DIFFICILES

Un changement dans votre routine quotidienne n'est peut-être pas la réponse à tout. Lorsque vous essayerez de prendre vos distances vis-à-vis de votre ex, il vous faudra peut-être prendre des décisions difficiles. Tout dépend de la part qu'il occupe vraiment dans votre vie.

Vous dormez peut-être déjà dans le canapé d'un(e) ami(e) parce que vous viviez avec votre ex. Jusqu'à ce que vous retombiez sur vos pieds et que vous ayez un logement à vous, il vous faudra peut-être sortir un peu plus de votre zone de confort.

Si vous travaillez tous les deux au même endroit, il est peut-être temps de songer à chercher un autre emploi. Vous ne pouvez pas lui imposer de démissionner juste parce que vous avez rompu. Mais, travailler avec votre ex peut s'avérer problématique pour plusieurs raisons. Personne n'a à connaître les détails de votre histoire. Vous ne savez pas ce qu'il peut dire sur vous alors il est préférable de vous retirer de l'équation.

Choisir un nouvel endroit où travailler peut être une excellente opportunité pour vous. En outre, la situation sera plus saine si vous n'avez pas à voir quotidiennement votre ex sourire et être heureux. Il vaut mieux ne pas entendre parler de sa dernière promotion ou des rencontres qu'il a pu faire. Vous avez le pouvoir de vous libérer de lui. Vous devrez en revanche peut-être prendre une décision difficile, comme décider qu'il est temps de changer de travail.

Vous aurez peut-être d'autres décisions difficiles à prendre afin de vous éloigner de votre ex. Revenez à votre agenda. S'il y a des moments où vous risquez de le croiser, vous devez trouver une solution pour l'éviter. Le temps guérit les blessures, vous devez donc vous donner ce temps. S'il est toujours dans votre champ de vision, guérir est difficile.

Il a peut-être le même cercle d'amis que vous. Il travaille peut-être dans votre restaurant préféré. Il va peut-être à la même école que vous. Où qu'il soit, vous ne devez pas y être. Vous devrez peut-être délaisser votre restaurant préféré, changer vos horaires de classe afin de ne pas tomber sur lui ou le voir où que vous alliez.

Bien qu'il ne faille pas que la fin de cette relation ruine votre vie, vous ne pouvez plus le laisser vous dicter votre vie non plus. Ne voyez pas ces changements comme un moyen pour lui d'affirmer son contrôle sur vous. Au lieu de cela, voyez-les comme l'opportunité de reprendre le contrôle de votre vie en vous éloignant consciemment de lui.

Quand vous prenez la décision de vous éloigner de lui physiquement, vous pourrez passer à autre chose.

AYEZ LE SOUTIEN DE VOS AMI(E)S

Vous allez avoir besoin du soutien de vos ami(e)s pour passer à autre chose. Vous éloigner de votre ex peut s'avérer particulièrement difficile si vous avez des amis en commun. Ils doivent vous soutenir lors de la rupture comme lors de la détoxification générale.

Dans un divorce, vous devez partager vos biens afin que chacun d'entre vous obtienne quelque chose. Dans une rupture, il vous faudra peut-être partager certains de vos ami(e)s. Bien que vous ne puissiez pas demander à vos ami(e)s de choisir entre l'un de vous deux, vous pouvez leur demander de faire certaines choses avec vous et pas avec lui, et inversement. Si vous jouiez ensemble, trouvez un autre endroit pour jouer afin de l'exclure. Vos ami(e)s devraient comprendre pourquoi vous ne voulez plus passer du temps avec votre ex. Ils devraient être disposés à faire des choses avec vous sans la présence de votre ex. Si ce n'est pas le cas, c'est qu'ils étaient peut-être plus ami(e)s avec votre ex qu'avec vous. En sachant cela, il sera plus facile de rester proche de vos vrais ami(e)s.

Vos ami(e)s doivent être soucieux de vos sentiments. Il est préférable de ne pas retrouver vos ami(e)s pour les entendre parler de votre ex. Vous n'avez certainement pas besoin de savoir ce que votre ex fait ou avec qui il sort. Cela va seulement vous amener à remettre les choses en question ou à le garder constamment dans vos pensées.

Bien que vous ne puissiez pas dire à vos amis avec qui ils peuvent être amis, vous pouvez leur demander de ne pas parler de lui quand vous êtes avec eux. Qu'ils se racontent les derniers ragots le concernant quand vous n'êtes pas là. Ils devraient être prêts à mettre un frein à leurs conversations afin que vous n'ayez pas constamment les dernières nouvelles de votre ex.

Vos ami(e)s devraient vous aider dans le processus de désintoxication. S'ils voient votre ex dans les parages, ils devraient vous emmener dans la direction opposée. Si votre ex s'approche, ils devraient lui dire de partir. Et si l'un(e) de vos ami(e)s mentionne son nom, les autres devraient lui rappeler de se taire.

Les ami(e)s qui font partie de votre groupe sont ceux sur lesquels vous pouvez réellement compter en termes de soutien. Ils doivent vous aider à vous détoxifier de votre ex en vous éloignant de lui dans chaque aspect de votre vie.

Cette étape peut vous aider à reconnaitre qui sont vos vrai(e)s ami(e)s. Si quelqu'un ne veut pas vous soutenir, il est facile d'en conclure que cette personne n'a pas vos intérêts à cœur. Il faut vous entourer de personnes qui vous aideront à mettre de la distance entre vous et votre ex et qui l'assumeront. Sinon, ils ne feront que vous compliquer la tâche. Il vaut mieux ne pas rajouter plus de négativité dans votre vie que celle que vous devez déjà gérer. Laissez vos ami(e)s vous aider. Ceux ou celles qui ne vous aident pas ne méritent pas d'être dans votre vie de toute façon.

MANTRAS POUR VOUS DISSOCIER DE LUI

Vous devez vous rappeler qu'il est important de vous désunir de votre ex. Si vous acceptez le statu quo, vous vous persuaderez qu'il est normal de le voir tous les jours. Il est préférable de ne pas regretter votre décision par la suite. Il est aussi préférable de ne pas avoir de rappel de ce que vous aviez, quelles que soient les raisons qui vous ont poussé à rompre. Cela veut dire que vous devez vous rappeler pourquoi il est vital de vous dissocier de votre ex. Cela vous aidera à vous concentrer sur votre objectif final qui est de tourner la page.

Reciter quelques mantras intérieurement ou à voix haute peut vous donner le courage de prendre toutes ces décisions difficiles.

- Ma guérison sera plus efficace s'il n'est pas dans les parages
- Je suis libre d'être moi-même et d'être heureuse avec qui je suis
- Je peux choisir qui je veux être et où je veux aller
- Aucun homme ne peut me dicter ce que je dois faire
- Je ne l'aime pas mais je n'ai pas à passer du temps avec lui

Si vous avez d'autres mantras, ajoutez-les à votre liste. Tout ce que vous pouvez dire pour vous donner du courage et de l'assurance vous aidera. D'autant que vous commencez un nouveau chapitre de votre vie, vous devez vous rappeler que vous êtes aux commandes. Il doit être complètement rayé de votre vie. Autrement dit, il doit être rayé de votre cœur, de vos pensées et de votre champ de vision. Une fois que vous aurez accompli cela, vous pourrez passer à autre chose une bonne fois pour toutes.

10

TROUVER SON HAPPY END

Il est temps de trouver un dénouement heureux pour vous. Après tout ce que vous avez traversé, vous méritez d'être heureuse en amour. Il n'y a pas de délai précis pour trouver votre bonheur pour la vie, vous n'avez donc pas besoin de vous précipiter.

Une fois que vous avez lâché prise, il est plus facile de nouer une relation sans que celle que vous avez eue dans le passé vous hante. Personne n'a envie de se retrouver coincé entre vous et votre fardeau émotionnel. C'est pourquoi il est préférable d'éviter les sorties amoureuses tant que vous n'avez pas complètement rayé votre ex de votre vie. Cela vous permettra de vous engager pleinement dans la nouvelle relation qui vous attend.

COMMENCEZ À FRÉQUENTER DES HOMMES

Il est temps de reprendre votre vie en main. Vous pouvez prendre la température de l'océan des rencontres ou vous plonger dans ses profondeurs. Tout dépend de votre zone de confort. Vous pourriez laisser un(e) ami(e) vous arranger une rencontre avec quelqu'un d'abord. Sortez et constatez à quel point c'est agréable de vous rendre à des rendez-vous et de rencontrer de nouvelles personnes. D'un autre côté, vous pouvez aussi vous abonner à une application de rencontres et vous noyer dans le monde des rencontres en ligne.

C'est normal d'essayer de nouvelles choses et de sortir de sa zone de confort de temps à autre. Il est impossible de savoir quand vous allez rencontrer l'homme de vos rêves ni même où. Alors vous devez être disposée à essayer de nouvelles choses.

Il existe plusieurs manières de faire des rencontres :

- Utiliser une application de rencontres
- Assister à des rassemblements locaux
- Laisser un(e) ami(e) faire l'entremetteuse
- Sortir dans des clubs
- Faire du bénévolat au sein d'une association caritative
- S'impliquer dans un groupe de réseautage au sein de votre société
- Assister à une conférence qui vous intéresse, qu'il s'agisse de bandes-dessinées, de livres, de musique ou d'autre chose.

Vous devez rester vous-même, unique dans votre genre. Ne vous sentez pas obligée de prétendre être quelqu'un que vous n'êtes pas. La bonne personne pour vous sera attirée par qui et ce que vous êtes. Si vous y allez avec un masque, elle ne connaîtra jamais votre vrai visage. C'est plus facile de commencer une relation authentique si vous êtes tous les deux honnêtes à propos de vous-mêmes. En plus, vous pourrez avoir des intérêts en commun si vous vous rencontrez lors d'une activité que vous aimez pratiquer tous les deux.

Bien que vous ayez peut-être envie de laisser un homme vous faire la cour, c'est le 21ème siècle. Vous pouvez aussi choisir d'être la prédatrice. Si vous voyez quelqu'un qui vous plait, n'hésitez pas à l'aborder. Vous pouvez initier le premier rendez-vous. De cette façon, vous ne permettrez pas à sa timidité d'empêcher de découvrir si vous êtes compatibles.

Qu'il vous invite à sortir ou que vous l'invitiez à sortir, gardez l'esprit ouvert le jour prévu. Ne parlez pas des ex. Concentrez-vous sur l'avenir. Gardez la conversation légère tout en explorant vos points communs. Vous devriez être à la recherche de cette alchimie magique tout en vous assurant que vous avez tous les deux des intérêts en commun.

Une étincelle ne garantit pas à elle seule une relation durable. De la même façon, des points communs seuls ne contribueront pas à la passion nécessaire pour une relation à long terme. Vous avez besoin des deux éléments si vous voulez que cela dépasse le stade d'un simple rendez-vous.

Ne laissez pas votre définition de l'homme parfait vous empêcher de voir le potentiel chez quelqu'un. S'il n'a pas la carrière que vous aurez souhaité, concentrez-vous sur la passion qu'il met dans son travail et s'il est capable de subvenir aux besoins d'une famille. De la même façon, ne laissez pas l'excitation d'être de sortie obscurcir votre jugement concernant sa capacité à vous rendre heureuse. Si sa personnalité ne vous fait pas vibrer, il est sûrement préférable de le laisser repartir dans le monde des célibataires ou il fera peut-être battre le cœur de quelqu'un d'autre.

Si l'idée de sortir avec quelqu'un de nouveau vous effraie encore un peu, c'est normal.

Choisissez le rythme qui vous convient. Vous pouvez laisser une amie jouer à l'entremetteuse ou vous pouvez utiliser une application en ligne. En tous les cas, avant de vous rencontrer en tête à tête, discutez au téléphone ou par SMS pendant quelques jours. Cela vous aidera à briser la glace un peu avant de vous voir de visu. Vous pourrez découvrir quel genre de personne il est et ce qu'il fait. En en apprenant plus sur sa personnalité, vous serez plus à l'aise le moment de la rencontre venu. Quand viendra l'heure de prévoir une sortie, vous aurez plus d'assurance.

Faites attention aux escrocs.

Bien que rencontrer quelqu'un en ligne puisse être pratique, votre relation ne devrait pas s'y limiter. Si vous avez essayé d'organiser une sortie avec lui en tête à tête et qu'il vous pose un lapin après l'autre, méfiez-vous, il se peut qu'il vous arnaque. Il prétend peut-être être quelqu'un qu'il n'est pas. Souvent, quand on refuse de faire un appel vidéo ou de rencontrer quelqu'un en personne, c'est que la photo que l'on a postée est fausse ou que l'on n'est pas aussi disponible qu'on le prétend.

Il est vrai que certaines personnes peuvent être plus occupées que d'autres, mais protégez-vous. Si vous ne pouvez pas voir une vidéo de lui en live et qu'il refuse de vous voir en personne, coupez les ponts. Si quelqu'un est réellement intéressé par une relation, il fera l'effort de vous voir en personne.

Apprenez à le connaître.

Après plusieurs rendez-vous, vous devriez avoir une meilleure idée de sa personnalité. Bien qu'il soit peu probable que vous soyez prête à dire « Pour le meilleur et pour le pire », vous devriez être capable de déterminer s'il a les qualités que vous recherchez.

Prenez le temps de vraiment le connaître afin de savoir s'il a l'étoffe pour être votre compagnon pour la vie. Découvrez son langage amoureux, autrement dit comment il exprime ses sentiments. Les gens utilisent soit des mots, des petits gestes, des cadeaux (donner et recevoir), du temps qualitatif ou le contact physique. Vous vous identifierez à l'un plus qu'à tous les autres. Quand vous sortez avec quelqu'un, vous devez être capable d'exprimer de l'amour et de l'affection dans un langage qu'il peut comprendre. Idéalement, il parlera le même langage que vous. Mais vous pouvez aussi apprendre à parler la langue de l'amour de l'autre.

. . .

Ne vous oubliez pas.

Il est facile de se noyer dans une nouvelle relation. Tout est nouveau et vous ressentez le désir de vouloir passer tout votre temps avec cette nouvelle personne. Bien qu'il faille faire de votre relation une priorité, il ne faut pas qu'elle vous consume. C'est pourquoi vous devez établir un emploi du temps. Assurez-vous de continuer à vous accorder du temps.

Si vous vous oubliez, vous pouvez finir à la case départ si cette relation se termine. Il ne faut pas perdre de vue qui vous êtes en tant qu'individu simplement parce que vous faites maintenant partie d'un couple. Donnez-vous du temps pour vous, même si cela veut dire de ne pas passer une soirée avec votre nouvel homme.

Sortir avec quelqu'un est amusant et romantique. Mais cela ne devrait pas vous consumer. Chaque relation a besoin d'équilibre. Dites-lui rapidement que vous avez besoin de temps pour vous afin qu'il soit préparé à cette réalité durant la relation, quelle que soit sa durée. Bien que cela puisse sembler désagréable au début, il finira par le respecter. Et si ce n'est pas le cas, alors vous savez que ce n'est pas l'homme qu'il vous faut.

LA CHECKLIST DES SORTIES ROMANTIQUES

Tout ce que vous avez imaginé autour de l'homme parfait et tout ce que vous savez qu'il ne peut pas être devrait être utilisé pour établir votre checklist des sorties romantiques. Quand vous commencerez à fréquenter des hommes, que cela soit via une application de rencontres ou de façon spontanée, vous devrez vous rappeler le type d'homme que vous recherchez.

Une checklist des sorties romantiques vous permettra plus facilement de sortir avec quelqu'un, de vous amuser et d'œuvrer pour construire un engagement à long terme.

Vous devez vous rappeler que les sorties peuvent s'arrêter à tout moment. Vous n'avez aucune obligation de fréquenter quelqu'un que vous n'aimez pas. Si vous n'y voyez aucun avenir, arrêtez les frais avant que l'un de vous deux ne soit trop attaché.

Votre checklist devrait inclure quelques détails importants :

- Le type d'homme que vous cherchez à fréquenter, y compris ses valeurs fondamentales
- Des sujets pour engager une conversation agréable
- Des rappels de ne pas trop se confier (surtout pendant le premier rendez-vous)
- Pourquoi vous êtes une personne incroyable qui mérite l'amour

Bien que cette checklist n'ait pas à être écrite quelque part, il peut être préférable de l'inclure dans votre journal. La coucher sur papier peut être exactement ce dont vous avez besoin pour vous motiver à aller à un rendez-vous. Si vous avez l'impression de ne pas être prête, votre checklist pourra vous prouver le contraire.

. . .

Personne ne devrait voir votre checklist. Au fur et à mesure de vos diverses sorties, faites-y quelques ajustements. Cela peut vous aider à vous souvenir de rechercher certaines choses en particulier, de parler de certains sujets ou de poser certaines questions. C'est votre guide pour vous assurer que tout se passe selon vos conditions, à tout moment.

N'AYEZ PAS PEUR DE VOUS ENGAGER

Avoir peur de s'engager ruine de nombreuses relations. Ne tombez pas complètement folle d'un homme pour qu'il vous file ensuite entre les doigts parce que vous n'avez pas osé vous engager.

Il ne faut pas que la peur dicte votre bonheur. Bien que votre dernière relation sérieuse ait été un échec, cela n'a pas d'impact sur celle-ci. Bien qu'il n'y ait pas de garantie non plus que celle-ci fonctionnera, vous ne pouvez pas le savoir avant d'essayer.

Si vous permettez à votre ex de vous empêcher d'aller de l'avant, il gagne la partie. Vous lui permettez de continuer d'influer sur un aspect de votre vie. Ce n'est pas juste pour vous. Ce n'est certainement pas juste non plus pour le nouvel homme de votre vie. Si vous avez vraiment tourné la page, votre ex ne devrait pas hanter vos pensées. Vous ne devriez pas être troublée en le voyant. Vous ne devriez pas vous soucier de le voir avec quelqu'un d'autre.

Quand vous aurez réellement tourné la page, voir votre ex ou entendre des nouvelles le concernant ne vous affectera pas le moins du monde. Savoir qu'il ne fait plus partie de votre devrait vous donnera la force d'aller de l'avant. Il ne vous retient pas. Vous êtes la seule à vivre dans le passé. Rappelez-vous que vous méritez de trouver l'amour. Rappelez-vous des épreuves que vous avez dû affronter pour remonter dans votre propre estime. Vous pouvez vous engager envers quelqu'un parce que vous méritez son amour.

Ne revêtissez pas d'armure parce que, dans ce cas-là, vous laissez votre ex gagner la partie. Soyez prête plutôt à vous ouvrir à la possibilité de l'amour. Bien qu'il ne s'agisse peut-être pas de la prochaine personne que vous fréquenterez, la seule façon de le savoir est de vous permettre de ressentir. Si vous ressentez de l'affinité pour quelqu'un et que vous avez des points communs, vous avez peut-être trouvé ce qu'il vous faut. Acceptez de vous engager afin de voir où cette histoire vous mènera. Vous pourriez obtenir le dénouement dont vous aviez toujours rêvé.

MANTRAS POUR ÊTRE HEUREUSE

Il est important de vous rappeler que vous méritez d'être heureuse et de trouver votre happy end. C'est pourquoi il peut être utile de reciter quelques mantras supplémentaires quand vous êtes prête à le trouver, ce dénouement heureux. Bien que vous n'ayez pas besoin de prévoir des rendez-vous, vous choisissez de le faire.

Recitez quelques-uns de ces mantras quand vous sentez le doute s'insinuer en vous :

- Je m'aime inconditionnellement
- Je n'ai pas besoin d'un homme pour être heureuse
- J'accepte l'amour et la positivité dans ma vie
- Je mérite l'amour et d'être aimée
- Un homme qui mérite mon amour existe quelque part

Quelle que soit la façon dont vous choisissez de réciter ces mantras, à voix haute ou dans votre tête, ils pourront vous donner le courage d'avancer avec votre vie. Vous pouvez être heureuse, être aimée et faire partie d'une relation équilibrée. Votre ex ne vous méritait pas. Maintenant qu'il a disparu de votre vie, vous pouvez aller de l'avant et vivre votre meilleure vie.

À PROPOS DE L'AUTEUR

Antonia Lehmann a une mission : Celle d'apprendre aux personnes comment gérer leur propre douleur. Antonia change des vies. Elle guide les personnes à travers un processus d'introspection simple mais efficace les amenant à changer radicalement leurs comportements malsains dans leur propre vie ou dans celle des autres. Grâce à ce processus, Antonia montre aux personnes affectées le chemin de la libération.

Vous trouverez plus d'informations sur ses ouvrages sur son

facebook.com/antonia.l.auteur

Printed by Amazon Italia Logistica S.r.l.
Torrazza Piemonte (TO), Italy

14678011R00084